AN ILLUSTRATED

HISTORY

OF THE

KNIGHTS TEMPLAR

圣殿骑士团

兴起、巅峰与落幕

〔英〕詹姆斯·沃瑟曼（James Wasserman）——著
刘小欧——译

AN ILLUSTRATED HISTORY OF THE KNIGHTS TEMPLAR

CNS 湖南人民出版社

图书在版编目（CIP）数据

圣殿骑士团：十字军东征的守护者：彩图版 /(英) 詹姆斯·沃瑟曼（James Wasserman) 著；刘小欧译. — 长沙：湖南人民出版社，2021.8（2023.2）

ISBN 978-7-5561-2624-8

I. ①圣… Ⅱ. ①詹… ②刘… Ⅲ. ①欧洲－中世纪史－通俗读物 Ⅳ. ①K503.09

中国版本图书馆CIP数据核字(2020)第225071号

AN ILLUSTRATED HISTORY OF THE KNIGHTS TEMPLAR By JAMES WASSERMAN

Copyright: © 2006 BY JAMES WASSERMAN

This edition arranged with INNER TRADITIONS, BEAR & CO.

through BIG APPLE AGENCY, INC., LABUAN, MALAYSIA.

Simplified Chinese edition copyright:

2021 Beijing Xinchang Cultural Media Co., Ltd.

All rights reserved.

SHENGDIAN QISHITUAN SHIZIJUN DONGZHENG DE SHOUHUZHE CAITU BAN

圣殿骑士团：十字军东征的守护者（彩图版）

著　　者	〔英〕詹姆斯·沃瑟曼
译　　者	刘小欧
出版统筹	陈　实
监　　制	傅钦伟
产品经理	田　野
责任编辑	李思远　田　野
责任校对	蔡娟娟
装帧设计	谢俊平

出版发行	湖南人民出版社有限责任公司〔http://www.hnppp.com〕
地　　址	长沙市营盘东路3号
邮　　编	410005

印　　刷	湖南天闻新华印务有限公司
版　　次	2021年8月第1版
	2023年2月第2次印刷
开　　本	880 mm × 1230 mm　　1/32
印　　张	11.5
字　　数	200千字
书　　号	ISBN 978-7-5561-2624-8
定　　价	98.00元

营销电话：0731-82683348　　（如发现印装质量问题请与出版社调换）

这本书献给

✝ 我的父亲

他教会我尊重真实、勇气和正直，

这些也正是圣殿骑士团以之立足的价值观。

✝ 和杰夫·库柏

战士，哲学家，为荣誉而生的人，

他的生活和写作体现了这些原则。

✝ 还有兰迪·凯恩

一位富有骑士精神的现代大师。

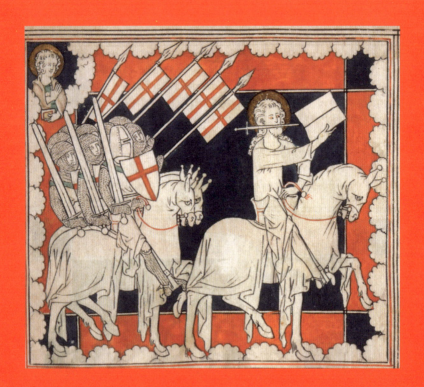

最近似乎有一个新的

骑士团在这个地区诞生了，

在东方，

是上帝派圣子化身凡人降临的地方。

✠

正如那时上帝曾用他全能的手，

将黑暗的执政者驱散一样，

现在他又攻击那悖逆之子的信徒们，

要借保护者的手将他们赶走。

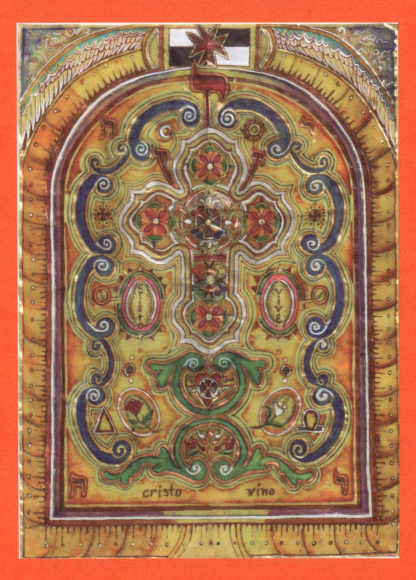

✠

《基督的酒》（泰德拉·马布拉汗，当代绘画）。这幅画描绘了圣殿骑士团的秘密——基督教与阿拉伯神秘主义融合，两者是基于埃及和希伯来神秘主义体系的智慧传承。艺术家因此揭示出基督教神秘主义的本质，揭示出其对战士们心灵、头脑和灵魂的升华，引领他们去追求荣耀和救赎——真正的基督的酒。

目 录 ✚ CONTENTS

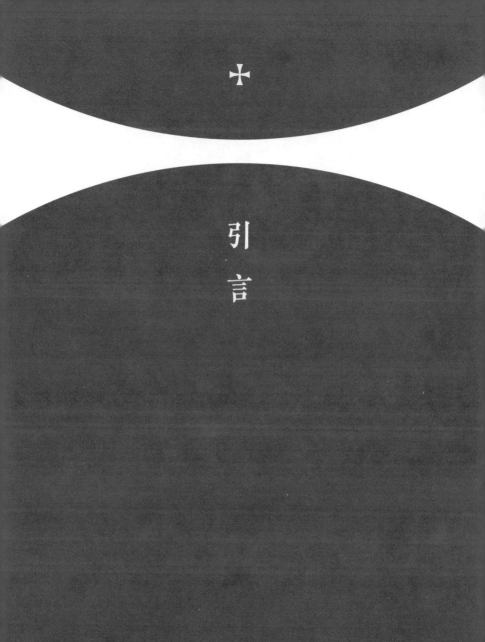

引言

INTRODUCTION

自 1119 年圣殿骑士团成立以来，尽管有大量学者致力于对其进行解读，但这个组织仍然笼罩在神秘而浪漫的光环之下。对于圣殿骑士，无法简单用语言具体描述，他们似乎活在每个人的想象之中。每当看到圣殿骑士团这个名称，人们仿佛一下子就回到了寂静荒凉的古代以色列，万马奔腾，雷声动地，惊破四野的寂静；剑与矛击打在林立的盾牌上，伴随着中世纪战士们进击战斗的呐喊声和号角声，基督徒为了与穆斯林争夺一片狭长的土地而浴血厮杀，这片土地是双方宗教共同的发源地。直到今天，这场战争仍然在激烈地进行着，现代世界里，无休止的冲突占据着每一家报纸的版面，在每一家电视台的新闻频道中都能看到。美国总统鼓吹现代化的"十字军东征"[1]，而他的敌人则宣扬他们的奋斗为"吉哈德"，一场针对"十字军和犹太人"的穆斯林圣战。[2]

关于圣殿骑士团，丰富的史实与流传了几个世纪的传说交织在一起。尽管圣殿骑士在大约七百年前就已经被冠以异教徒的罪名而消灭殆尽，然而从共济会到东方圣殿会，西方秘密社团纷纷声称其传承来自圣殿骑士团——一个由武装教士组成的宗教性骑士团，目的是保护那些前往救世主和基督教诞生地朝圣的人。尤其是在 20 世纪后半叶，十字军东征经常被看作是西方对无辜平民的侵略，也许，当今世界西方国家与中东地区存在的文化冲突促使人们对中世纪主要的行动——十字军东征进行更为冷静的反思。

多年以来，圣殿骑士团一直是欧洲文化中极其成功和备受尊崇的一部分，骑士团得到了中世纪基督教最有影响力的宗教领袖"明谷（克莱尔沃）的圣伯尔纳铎"的全力扶持。圣殿骑士等同于教皇的私人军队；出于这个理由以及其他各种原因，这些精英战士对大多数教皇的安全负有责任，因此也享有教皇的保护和支持。然而，成立后不到两百年，骑士团就遭到了无情的镇压——骑士的领袖被严刑拷打、烧死在火刑柱

✝ 图 I.1 《阿卡的陷落》(19 世纪画作）。这幅画很好地捕捉了十字军东征引发的激烈文化冲突场景。1291 年阿卡陷落标志着两个世纪的战争之后中世纪基督教军队的失败。（左页图）

上；骑士团成员被指控犯有行邪术、持异端邪说、性变态和叛国等罪；骑士团的巨额财富和地产被没收。这其中究竟发生了什么事情？又是什么让他们的传奇一直延续至今？

对圣殿骑士出现之前，即 1096 年第一次十字军东征后的历史做简短回顾，将为回答上述问题奠定基础，以便进一步揭示今日激烈斗争的历史根源。

基督教与黑暗时代

西欧黑暗时代始于 6 世纪。那时候，人们生活条件恶劣，思想也不开化。农民虽然自由却贫穷，不曾受过教育，在政治上毫无权利。到了 7 世纪初，只有神职人员能够接受文化教育，学习读书写字。科学、医学和文学都消失不见，取而代之的是魔法、迷信和宗教作品。在黑暗时代，80% 的人一生的活动范围不超过 10 英里（1 英里约合 1.6 千米）。由于营养不良和缺医少药，人口平均寿命为 30 岁，男性平均身高不超过五英尺三英寸。在整个 9 至 10 世纪，欧洲一直处于战乱之中，斯堪的纳维亚、东欧和日耳曼部落以及穆斯林和蒙古人轮番占领，从未中断。

野蛮与信仰、无知与虔诚、农业与侵略——这种

✝ 图 I.2 《最后的审判》(13 世纪画作)。面对可怕的原罪，恐怖的地狱，和对灵魂永恒诅咒的威胁，中世纪的人们在思想上胆怯了。

混乱体现了黑暗时代人们的认知停滞不前。

欧洲被外来民族占领，令罗马帝国的强盛统治黯然无光，它们由罗马教会领导，教会像胶水一样，把分散的部落粘连起来形成统一的整体，这样的整体能够保护欧洲大陆，对抗伊斯兰教和东方游牧部落的军事扩张。教会的主教、牧师与修道院给偏远和孤立的城镇、村庄提供政治及精神领导；宗教委员会充当法院；基督教修士都学习读书认字；教会向贫穷受苦的人施以援手。

另一方面，教会灌输有害教义，在欧洲为患数个世纪。原罪不再仅限于哲学或宗教思考，罪的概念影响了整个社会、政治和法律的结构。由于人类的状况开始恶化，正义，按照它的定义，变成了不可能。人们的生活目标不是社会进步，而是重拾起早期犹太人的信仰，指望上帝的恩泽和依靠笃信上帝来改变社会。对中世纪的基督徒来说，生活就是考验和试炼，是在为死后的世界做准备。如果一个人是善人，失去肉身之后天堂的欢愉随之而来；如果一个人是恶人，在地狱里，令人心寒的永恒的恐怖折磨正在等待着他的到来。痛苦能够荡涤和净化灵魂，将在死后带来回报。

原罪说认为，人的天性是邪恶的，是无法断绝的、本能的性冲动的来源。性是罪恶，人类因性而生，出生时就带有原罪。守身从生活方式上升为宗教要求，教会在大众中强制传播和执行严格的禁欲，这在欧洲人中激起强烈反抗。精神错乱和疾病是性压抑不可避免的后果，在中世纪造成了可怕的损失。因为身体的疾病被视为上帝对邪恶的惩罚，所以只有阿拉伯和犹太医师以及研究草药和自然疗法的妇女通医术，这些人也成为这场撒旦和宗教法庭血战中倒下的众多人中的一部分。宗教裁判所自建立之日后的几百年中，一直都是谋杀、酷刑和狂热行为的指挥中心。

虽然基督教内部领导层多有腐败发生，虽然某些教义明显要为西方文明的苦难和缺点负大部分责任，但它也有其存在的意义：耶稣的神话以及他的圣洁、牺牲和复活，给基督教提供了道德指引，旨在引领人们进入更高层次的精神世界。

封建主义

5世纪到10世纪，外来民族对欧洲的入侵使得人口在高度自治的贵族的土地上越来越集中。贵族们倾向于离开标靶一样的城市，在自有的乡村庄园安家落户。独立的农民，后称隶农，依附于大地主。封建经济的百分之九十是农业，随着时间的推移，富人们买下农民的土地，并建立了复杂的佃农制度，作为交换，他们向佃农们提供军队和坚固的城堡保护其人身安全。于是围绕在大庄园周围形成了一连串的村庄。

附庸或侍从是自由人，但他们的自由是有限度的。他们宣誓效忠，以此依附贵族，通过保卫贵族的安全

✝ 图I.3 《练习马上长矛比武》(14 世纪画作)。年轻人用那个时
代的武器，提升自己的技艺。

或提供个人服务，换取庇护和土地（封地），有时候还
能获得农奴。侍从这个词源于凯尔特语，是"男孩"
的意思。在 6 世纪和 7 世纪，侍从基本上都是依从于
贵族的少年，他们被高贵的主人派出去，为之执行各
种任务，以此获得经济支持。8 世纪，随着骑兵的概
念逐渐形成，雇佣武士的地位也随之提升。骑士的武
器和装备所费不菲，贵族们因此赐给他们土地和农民，
让他们自食其力。

国王居于封建等级制度的顶端，他是所有领主的主人。数千年来，起源于地中海的西方文明传承着对国家神圣王权的支持，国王的地位受益于此。然而，与这个阶段的前后几个世纪相比，此时封建国王的地位更加依赖于领主们的支持。在一千年的时间里，封建领主自治制度一直制约着欧洲君主制，国王与贵族们地位相对平等，只是略高一点而已。

理论上来讲，国王拥有国家所有土地，但实际上，国王拥有的土地往往并不比领主们的大。

在国王与贵族的拔河比赛中，国家建立了。而在黑暗时代末期，随着欧洲商业的发展，一个富裕的阶层在封建制度的传统等级之外崛起。这个新兴的商人阶级要求中央集权控制由不同势力混战引起的混乱和无序，维持社会稳定。商人们资助国王把权力集中，去对抗贵族，来达到他们的目的。教皇们也发现，与国王个人打交道比与贵族团体打交道要来得轻松些，因此他们也助长了君主制的发展。最后，因为数个世纪的特权养成的与生俱来的傲慢，那些脾气暴躁的贵族往往不愿意维持社会的秩序和纪律。历史的潮流不再站在他们这一边，到了13世纪末，法兰西国王战胜了贵族和教皇，成为王国的最高统治者。到1500年，君主制已经成为欧洲国家的主要统治形式。

骑 士

骑士是日耳曼军法、穆斯林战士楷模和基督教奉献精神相结合的产物，标志着封建制度创造力的高峰。从 11 世纪晚期开始，骑士神话传播开来，游吟诗人在法国南部朗格多克地区流浪，吟唱着骑士的赞美诗。精锐骑兵和重装甲骑兵为封建贵族们服务，他们精研韬略，被很多人所崇拜。

虽然军事精英的概念至今仍然受到推崇，但在骑士那个时代，这是一种相对更加正式、更加普及的文化现象。例如，中世纪的比武大赛起初是战斗技巧的竞技，随着时间的推移，大赛渐渐演变成全民投入的盛事，整个过程能够持续长达一周时间。作为节日性的大型活动，它为商业活动以及娱乐活动提供各种题材。诗歌、歌曲和舞蹈为盛会增添了浪漫色彩。纹章是比武大赛的副产品，披挂着盔甲和面罩的骑士为了表明自己的身份，把由图形和符号组合而成的独特标志画在盾牌上，或绣在旗帜上。

骑士制度只对出身贵族的候选者开放。只有在结束漫长的学徒生涯后，候选者才能获得成为骑士的资格。从七八岁开始，就要开始接受侍童训练，在 12 岁到 14 岁左右，他会成为一名骑士的侍从。骑士制度处处可见对基督忠诚的誓言。受封典礼以持续整整一天的禁食开始，然后是沐浴净化仪式，候选者会独自祈祷、认罪和忏悔一整夜。这位准骑士的剑会受到一位牧师赐福。然后，他的主人引领他宣誓并授予他骑士的荣誉。

保护弱者、讲礼貌、维护荣誉、诚实、捍卫基督教、贞洁和勇气都是骑士精神的行为准则。浪漫的爱情——对被爱之人的理想化——是另一个方面。骑士向一位出身高贵的女性宣誓效忠，并将自己的成就献给她。虽然骑士对贵族女性的服侍与对圣母玛利亚的忠诚有许多共同之处，但前者必定掺杂着性的因素。在中世纪，婚姻的缔结多数基于财产而不是爱情。民谣歌手赞美龙骑士对女性的爱时，对象通常是一位已婚的妇女，而一段不快乐的婚姻常常会使女主人给她那忠诚的骑士或诗人留一扇幽会偷情的门。

12世纪的游吟诗人在普及骑士圣杯文学时引入了神秘探索的主题，主题中穿插着浪漫的爱情，个性化的浪漫爱情在西方文化中是前所未闻的。中世纪对感情和精神恋爱的颂扬，伴随着骑士们对女性的理想化，标志着与从前对女性功利的、去人性化的看法背道而驰。浪漫爱情独特性的提升将中世纪的思想聚焦在个人需求上，这是对集体主义和等级森严的封建社会结构的彻底反叛。

✝ 图 I.4 《中世纪的骑士比武大赛》(15 世纪画作)。这在当时是一件盛事。沃尔特·司各特在他经典的小说《艾凡赫》中精心描绘了这种集会繁复且程式化的特性,沃尔夫拉姆·冯·埃申巴赫在他的著作《帕西法尔》中对于双方搏斗场景的描述也同样如此。

✝ 图 I.5 《单膝跪地的十字军》(14 世纪画作)。这一形象传达了宗教范畴上的侠义理想。(右页图)

015

✛ 图 I.6 《比武大赛中战斗的骑士》(14 世纪画作)。每个骑士所
携带的盾牌和武器都能使他的朋友和敌人认出他。

当然，骑士文化也有不那么光明的一面。从理论
上讲，骑士的目标是保护自己的祖国免受他国侵略。
然而，现实却是相互争斗的封建领主之间无休止的内
战。封建战争比现代战争更为频繁，但致命性较低。
此外，好斗的骑士身为武装精英却经常对手无寸铁的
公民施暴。早在 11 世纪，教会就发起了和平运动，试
图保护平民免遭骑士和贵族的欺凌。他们鼓励贵族们
用仲裁解决分歧，并在特定日子里放下武器。

伊斯兰教的兴起

570 年左右，穆罕默德在麦加出生。他的一生中多次出现上天降下的神迹和天使的排解指引，无数的奇迹被归因于他或他的行事。据说穆罕默德长相英俊，中等身材，彬彬有礼，口才很好，精通阿拉伯语，拥有天生的魅力。他有着阿拉伯最高贵部落的血统，但是父亲在他出生之前就死了，6 岁的时候，母亲也去世了，穆罕默德成为孤儿，由祖父和伯父抚养，在简朴的环境中长大。成人后，他成了一个以正直著称的

✝ 图 I.7 《比武大赛与杀戮》(14 世纪画作)。大赛上的搏斗往往是致命的，恶魔为大屠杀欢呼雀跃。

商人。

刚满三十五岁不久，穆罕默德开始经历他的"真实的景象"，这使他定期寻找安静的山洞以便独自冥想。大约在 613 年，他开始传授伊斯兰教义，大天使加百列在他面前显现，还宣布穆罕默德是安拉（伊斯兰教上帝）的使者，穆罕默德开始领受神谕，也就是我们所说的《古兰经》。620 年的某一天，穆罕默德在夜里经历幻象——他被带到耶路撒冷，在那里他骑上了一匹有翼的骏马，升上了天堂。第二天早上，他从麦加的床上安然醒来。这一经历使耶路撒冷被视为除麦加和麦地那 (622 年，穆罕默德在此开始第二阶段的教学) 之外的第三座伊斯兰教圣城。穆斯林最初是面向着耶路撒冷的方向进行祷告的。630 年，穆罕默德的军队占领了麦加，穆罕默德宣称这里是伊斯兰的圣城。他清理了立有神像的克尔白石殿，并宣布不信奉伊斯兰教的人不得再踏进这座城市 [3]。

穆罕默德通过征服传播新的宗教。伊斯兰教的尚武之风——其荣誉信条和立教者的骑士品格——自然而然对奉行战士文化的阿拉伯沙漠部落颇有吸引力，这种新的信仰迅速被他们接受。穆罕默德消除了早期阿拉伯宗教偶像崇拜的影响，用他的穆斯林一神论取而代之，首次在分散的部落中引入了民族和种族团结的意识。到632年穆罕默德去世之时，穆斯林信仰已经牢固建立。

阿拉伯人的基本政治组织单位是部落，人们对部落忠心耿耿，部落间经常发生暴力冲突。阿拉伯人是活跃的商人，当时将近80%的人是贝都因人，这些牧人带着羊群四处游牧，不断寻找季节性的牧场；他们还从事果园种植，栽培枣子、桃子、杏子和其他果树，并生产乳香和没药——在古代世界，香料是和现代的石油一样贵重的商品。热爱音乐和诗歌艺术是阿拉伯文化的另一个特点。在信奉伊斯兰教之前，这些沙漠武士信奉多神论和泛神论的宗教。由于在麦加有一座中央圣殿（克尔白），众多贸易路线因此在这里交汇，麦加既是圣殿所在地又是活跃的商业中心。圣殿里面安放着神圣的黑石，这个直径7英寸多的圣物被镶嵌在圣殿的东墙上，据说由天使所赐，是易卜拉辛（基督教《圣经》中称为亚伯拉罕）的遗物。穆罕默德告诉人们，圣物降落在地球上时是纯白的，但是人类的罪恶把它染成了黑的。

在第二任哈里发、先知的继任者欧麦尔(634—644年)统治期间，整个阿拉伯半岛都在穆斯林的控制之下。沙漠部落历来是劫掠者，但随着伊斯兰教的传播，他们被禁止对穆斯林同胞下手。因此，他们将视线转向北方，转向由信奉基督教的罗马帝国控制的巴勒斯坦领土，以及琐罗亚斯德教（拜火教，祆教）控制的美索不达米亚和伊朗地区。征服这两个地区几乎没有阻力，内部的软弱使他们成为吸引人的目标。

634年，穆斯林在叙利亚击败了拜占庭希腊人，这里成了未来军事征服行动的基地。635年大马士革陷落，636年安条克陷落，638年耶路撒冷陷落。哈里发欧麦尔前往耶路撒冷，在那里他见到了基督教大主教索福罗尼乌斯，轻而易举地索要到了进贡。阿拉伯人在巴勒斯坦地区的胜利激起了人们从阿拉伯半岛到新领土大规模移民的浪潮。到公元641年，穆斯林控制了整个叙利亚、波斯和埃及。

西班牙于711年被入侵，此后的五百年，西班牙南部一直处于伊斯兰教的统治之下。穆斯林在法兰西的扩张受到了抵抗，先是732年的法兰西宫相查理·马特（铁锤查理），然后是759年的国王矮子丕平。在西班牙，穆斯林带来了伊斯兰艺术、建筑和诗歌方面的成就和公平有效的政治管理，他们还引进了科学的农业和冶金学。10世纪，人们认为西班牙的科尔多瓦是欧洲最繁盛精美的城市，这里铺设了人行道，街道明亮，搭建了桥梁和大型饮水渠，有美丽的花园，还有一所著名的大学。

✝ 图 I.8 《圣殿克尔白》(19世纪画作)。世界各地的穆斯林在每年的麦加朝圣期间前往此地，聚集在他们所尊崇的最神圣的圣地。麦加朝圣是伊斯兰教的"五功"之一。在一个人的一生中至少要进行一次朝圣，人们认为去朝圣是一种宗教义务（如果个人身体条件允许的话）。

　　西班牙北部是流离失所的基督徒的家园，与南部相比既贫且弱。软弱的国王和独立好斗的贵族构成的封建社会结构造成政治上的分裂；农耕技术落后，人们生活贫困，食不果腹。西班牙的收复失地行动一直持续到13世纪，基督徒为驱逐穆斯林而战。两个世纪的休憩之后战火重燃，1492年基督徒征服了格拉纳达，

图1.9 《哈里发欧麦尔在耶路撒冷》（15世纪画作）。欧麦尔向大主教索福罗尼乌斯说明重建耶路撒冷圣殿的进展。

终结了伊斯兰教在欧洲的政治统治。

走出黑暗时代的欧洲

10世纪的时间逐渐流逝，想到即将到来的千禧年，中世纪的人越来越焦虑。圣约翰的启示宣告了千禧年到来的重要性。从铲除邪恶到撒旦建立统治，从基督二次降临到大地毁灭，对第一个千禧年的到来，人们各有各的解读。然而当1000年平淡无奇地到来又过去时，虎头蛇尾的感觉，甚至谨慎的乐观，取代了恐惧。欧洲基督教徒开始觉醒，人们意识到选择是有可能的。

10世纪中叶尝试性的社会发展在11世纪繁荣起来，人与自然的边界逐渐消退，大片森林被砍伐，为房屋重建提供了木材，沼泽被抽干，为农业提供了土地。人们使用水力磨坊磨谷物，水力锯木厂制造木材，增加了食物和住所的供应。套在马颈上的项圈、马镫的发明和应用加大了运力。黑暗时代的社会变得繁荣，视野的开阔促进了人口的流动，贵族、商人、教士、学者和朝圣者愿意冒险，行走在遍布着强盗头子的高墙深堡和劫匪团伙的欧洲道路上。

城市成为商业和手工业的中心。商人和工匠试图通过建立行会和商号保护自己，这些富裕的阶层和团体买到了自治权，他们越来越有能力对自己一手建造的城市的政权施加控制。威尼斯、热那亚和比萨成为西欧的国际商业中心。航运的发展带来海上贸易的壮大，西欧人开始渗透到长期被拜占庭人和穆斯林控制的地中海地区。

整个 11 世纪到处都在建造教堂和修道院，这是罗马天主教盘整欧洲的成果，虔诚的信徒越来越多。作为虔诚的宗教行为，到圣地去朝圣变得普遍，信徒们可以踩着耶稣基督和《圣经》中其他男女英雄的足迹前进。无论老少，无论贫富，为了寻求精神成长和宗教体验，大批欧洲朝圣者游历了欧洲和近东地区。

耶路撒冷

耶路撒冷是中世纪朝圣者的主要目的地，基督徒向穆斯林缴纳税款就可以安全地游览位于巴勒斯坦的各个圣地，然而，长达四百五十年的时间里圣地都处于穆斯林的统治之下，随着朝圣活动在中世纪欧洲变得越来越重要，虔诚的基督徒们对此越来越不满。

耶路撒冷曾长期处于欧洲的控制之下。亚历山大大帝于公元前 334 年占领了这座城市，此后该地区一直处于希腊统治之下，直到公元前 190 年罗马夺取了耶路撒冷，耶路撒冷又成为罗马帝国的一部分。638年，穆斯林军队占领了圣城，从此耶路撒冷就落到了他们手中，到了8世纪，这座城市的人口中大多都是阿拉伯人。

耶路撒冷对于伊斯兰教和犹太教、基督教具有同样神圣的意义。687年到691年，倭马亚王朝哈里发阿卜杜勒·马利克在圣墓教堂附近建造了一片被称为神圣庇护所的建筑。他建造了圆顶清真寺，用来安放被犹太人视为世界中心的岩石，据说正是在这块石头上，亚伯拉罕准备按照上帝的命令献祭以撒，也正是在这块石头上，摩西收到了约柜，所罗门王和希律王在上面建造他们的庙宇。穆罕默德骑着他的飞马从这块岩石上升到了天堂；如果一个人足够虔诚，先知的脚印对他来说仍然清晰可见，穆罕默德就在这块石头上见到了亚伯拉罕、摩西和耶稣。

基督教东方教会和西方教会

中世纪朝圣之旅激起了人们对君士坦丁堡和拜占庭帝国的极大兴趣，这种兴趣之大甚至到了令人难以置信的地步。人们认为，耶稣的荆棘王冠和其他基督教信仰的遗物都一并保存在希腊正教会（东正教）手中。

自 3 世纪罗马帝国分裂以来，东正教和西方罗马教之间的分裂在不断增大。

7 世纪伊斯兰教征服亚历山大、安条克和耶路撒冷，其间，这些地区的主教流离失所，因此君士坦丁堡的牧首成了东方教会的真正领袖，罗马教皇开始掌控西方教会。

东西方教会之间的分歧继续深化。1054 年，在罗马和君士坦丁堡之间终于发生了著名的基督教大分裂，

✝ 图 I.10 圣母玛利亚之墓（斯蒂芬·布鲁克摄）。位于约沙法谷的圣玛利亚教堂被奉为基督之母的墓地。

✝ 图 I.11 《中世纪的耶路撒冷》(15世纪画作)。在这幅富有想象力的
插图中，人们暗示性地用左边更大的金色圆顶建筑来代表圣墓教堂，右
边稍小的蓝顶建筑则是圆顶清真寺。

✝ 图 I.12 从橄榄山上俯瞰耶路撒冷（斯蒂芬·布鲁克摄），右边可以看到圆顶清真寺。

✝ 图 I.13 橄榄山（斯蒂芬·布鲁克摄）。这里是基督教徒和犹太教徒的一处朝圣之地，据说耶稣就是从这里升上天堂的，客西马尼园在此山脚下。

✛ 图 I.14 耶利哥的诱惑之山（斯蒂芬·布鲁克摄）。《马太福音》第 4 章第 2 节记述了耶稣进行了为期 40 天的禁食，他在这里与撒旦对抗。

✛ 图 I.15 客西马尼园（斯蒂芬·布鲁克摄）。《马太福音》第 26 章讲述了耶稣基督被出卖和逮捕的过程。

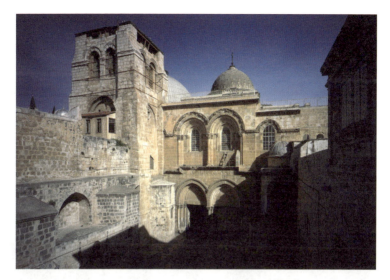

✠ 图 I.16　圣墓教堂（斯蒂芬·布鲁克摄）。这座教堂是在君士坦丁大帝的母亲圣海伦娜的要求下修建的，建于 336 年前后。这里是耶稣受难的地方，也是基督教世界最神圣的地方。

✠ 图 I.17　最后的晚餐之处（斯蒂芬·布鲁克摄）。耶稣和他的门徒在这里过逾越节。12 世纪，这里成为十字军锡安山圣母教堂。

✝ 图 I.18　关押耶稣的监狱（斯蒂芬·布鲁克摄）。这个礼拜堂在
　　圣墓教堂中，耶稣在被钉上十字架之前就被囚禁在这里。

✝ 图 I.19　耶稣的墓室（斯蒂芬·布鲁克摄）。这座阴郁的神殿建在圣墓教堂之中，耶稣基督墓的上方。

罗马教皇正式把希腊东正教的主教逐出教会，基督教无可挽回地分裂了。

1081年，科穆宁家族的阿历克塞一世被拥立为拜占庭皇帝，从1076年起就占领耶路撒冷的土耳其军队使他面临的危险军事局面雪上加霜——他们现在开始向着君士坦丁堡进军。1095年，在皮亚琴察会议期间，阿历克塞一世呼吁西方教会援助东方教会，他提出让东方教会重新加入西方教会，以换取西方对穆斯林的出兵，从而为十字军东征奠定了基础。

＋ 图I.20 《拜占庭科穆宁王朝皇帝阿历克塞一世》(12世纪画作)。（左页图）

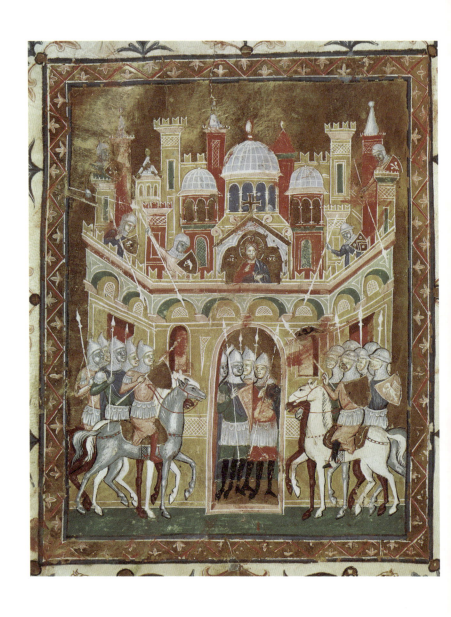

✚ 图 I.21 《占领耶路撒冷》(14 世纪画作)。 耶稣基督悲伤地
看着撒拉逊异教徒（广义上指中古时代的阿拉伯人）于 638
年得胜进入他的圣城。

十

第一章

第一次十字军东征及胜利成果

CHAPTER

1

大约在圣殿骑士团成立之前二十五年，十字军进行了第一次东征。1088年，乌尔班二世当选教皇。成为教皇后，他的第一个举措就是取消了教会的放逐令，恢复了与拜占庭皇帝的联系。当时的拜占庭皇帝阿历克塞·科穆宁（阿历克塞一世）派使节出席了教廷的皮亚琴察会议，请求西方派兵援助他们，以便打败土耳其塞尔柱王朝的军队，结束长达十年的战争。

　　乌尔班二世意识到帮助东正教会有诸多益处：通过与君士坦丁堡的结盟壮大基督教的机会十分诱人；而能够将众多只知四处混战的骑士派上用场，对教会来说也很有利。在他看来，自己辖下的基督教能够扩大军力增强政治影响，进而将异教徒从圣地铲除，与神的计划是一致的。既然仁慈的上帝允许人类在千禧年幸存下来，他也一定希望他的教会收回基督耶稣的家园。

✝ 图 1.1 《罗马教皇乌尔班》(14 世纪画作)。教皇乌尔班召开了克莱芒会议，号召发起第一次十字军东征。

在人们对极光、彗星和流星雨等种种异象的口口相传中，乌尔班二世去到法兰西各地游说。1095 年 11 月，他召开了克莱芒会议，号召发起第一次十字军东征，他的提议令所有人都沸腾了，这是历史上一个奇妙的完美时刻——成千上万的人纷纷响应乌尔班二世的号召，贵族和骑士马上开始计划，要在 1096 年 8 月的收获季之后发动一场十字军东征。对大众来说，要等待的时间太长了，两万多名蠢蠢欲动的暴徒在"隐修士彼得"的带领下，从袭杀居住在附近和路上遇到的犹太人开始，踏上了前往圣地的漫长旅程。半年的时间里，数千基督徒死在途中，幸存下来的人在到达君士坦丁堡之后也被土耳其人消灭。

正规军队行进得比较慢，他们更为小心谨慎。在1096年8月至10月，四支东征的十字军队伍分别出发：第一支队伍由下洛林公爵戈弗雷·德·布永和他的弟弟鲍德温率领；第二支队伍由塔兰托的诺曼亲王波希

✚ 图1.2 《隐修士彼得》(14世纪画作)。这群十字军即将面临悲惨遭遇，他们面前就是这位雄心壮志的隐修士。

蒙德和他的侄子坦克雷德率领；第三支队伍由图卢兹和圣吉勒伯爵雷蒙德领导；第四支队伍则由征服者威廉的两个儿子——诺曼底的罗伯特、佛兰德的罗伯特以及威廉的女婿布卢瓦的斯蒂芬率领。参战的士兵总共有三万五千多名。[1]

十字军东征的第一场战役发生在土耳其的尼西亚。土耳其人在毫不费力地打败了平民十字军后过于自信，最终被纪律严明的欧洲军队打败。在这次围攻结束时，四支十字军都已经到达了会合点。他们在土耳其各地统一发起进攻，士兵们一起忍饥挨饿，在艰苦的环境中与异教徒作战。1097 年 10 月，他们行进到了巴勒斯坦北部城市安条克。(鲍德温的军队脱离了联合部队，继续向土耳其东部前进。在那里，他成功地自立为埃德萨亲王。)

主力部队包围了安条克。当地坚固的城市防御工事，恶劣的天气条件，以及食物的匮乏，使这场围攻痛苦而漫长，七分之一的人死于饥饿。1098 年 6 月，十字军最终得以占领这座城市。他们还夺得一支长矛，许多人相信这就是当年耶稣在十字架上受刑时刺穿了他左肋的那一支；人们还传说攻城时一颗陨石从天而降，击伤土耳其军队；天使骑着白马，身披白色斗篷，手持白色旗帜，与基督教的军队一起战斗。

✚ 图 1.3 《第一次十字军东征的领袖》(19 世纪画作)。戈弗雷·德·布永，波希蒙德，雷蒙德和诺曼底的罗伯特。

✚ 图 1.4 《尼西亚之围》(12 世纪画作)。在 1097 年这场残酷
的战役中，十字军战士看到土耳其人用投石器投掷人头。

1099 年 6 月，十字军开始了耶路撒冷围城战，这
次围攻只持续了五周，直到 7 月 15 日①星期五正午，
耶稣受难的时刻。那个时代的一位十字军战士在报告
里写道，战士们浸在敌人的血液中，那血多得没过了

① 此处应为 7 月 15 日，原文写为 6 月 15 日。——译者注

✛ 图1.5 《神圣的长矛》(12世纪画作)。安条克之战后，这件
　　珍贵的历史遗物被基督教徒的军队夺回。

他们的脚踝。教皇乌尔班二世在耶路撒冷被占领前两
周去世。四支军队的首领都在战役中幸存下来，一些
人回到欧洲，另一些人留下来，并以如下方式分割领
土：鲍德温是埃德萨王，波希蒙德是安条克亲王，坦
克雷德是加利利亲王，戈弗雷·德·布永被选为耶路

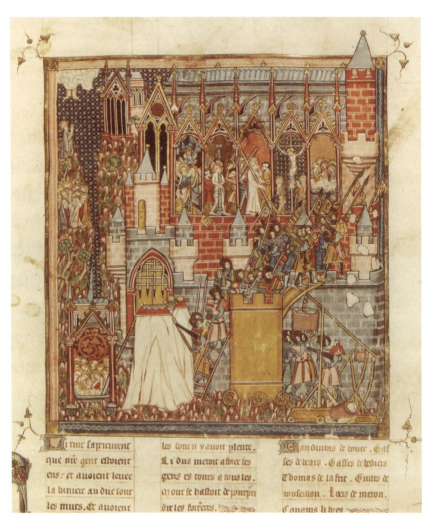

✚ 图 1.6 《十字军在 1099 年占领了耶路撒冷》(14 世纪画作)。
当十字军战士攀登圣城城墙时，他们受到基督受难景象的鼓舞。

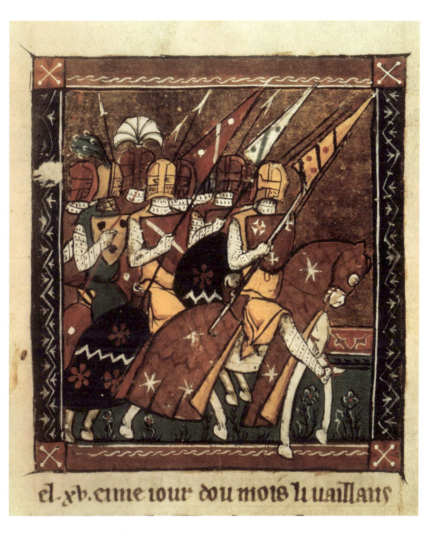

图 1.7 《戈弗雷·德·布永》(13世纪画作)。这位十字军首领带领军队出发战斗。

撒冷的圣墓守护者（戈弗雷觉得不应该在耶稣头戴荆棘王冠的城市称王，因此拒绝了耶路撒冷王的头衔）。

此后不到一年戈弗雷就去世了，他的兄弟鲍德温从埃德萨远道而来，于 1100 年 11 月 11 日加冕为鲍德温一世。在其统治期间，鲍德温不断扩大欧洲人的势力。1118 年 4 月 2 日，鲍德温一世去世后，王位顺利地传承给了他的堂弟，鲍德温二世。

✝

第二章

圣殿骑士团

CHAPTER

2

创 立

　　圣殿骑士团，或称基督和所罗门圣殿的贫苦骑士团，或称耶稣基督的贫穷士兵团，是由雨果·德·帕英创立的。帕英是一名法国骑士，在妻子去世后成为修道士。众所周知，他是一个严肃的人，恪守宗教信条，还有谦逊和不妥协的勇气。成立圣殿骑士团时他已年

✝　图2.1　圣殿骑士团的印章。印章正面同骑一匹马的两个骑士象征着圣殿骑士要甘于贫穷，印章的背面是阿克萨清真寺，圣殿骑士团最初的总部。

✝ 图 2.2 《雨果·德·帕英》（19 世纪画作）。雨果·德·帕英的理想化肖像。

近五十，身为一个参与了第一次十字军东征的老兵，此前二十二年他一直生活在欧洲东部。

　　关于圣殿骑士团成立最广为流传的两个说法是，在 1118 年或 1119 年，帕英和其他八名骑士发誓服从耶路撒冷的主教，过神圣纯洁的贫穷生活，并致力于护卫穿越圣地的基督教朝圣者。国王鲍德温二世把圆顶清真寺附近的阿克萨清真寺赏给他们驻扎，此处正是所罗门圣殿的原址。

✝ 图2.3　圆顶清真寺（斯蒂芬·布鲁克摄）。由哈里发阿卜杜勒·马利克建于 691 年，坐落在三大一神教——犹太教、基督教和伊斯兰教的圣地。

✝ 图 2.4 圆顶清真寺内部（斯蒂芬·布鲁克摄）。

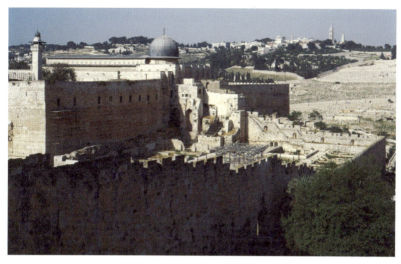

✝ 图2.5 阿克萨清真寺（斯蒂芬·布鲁克摄）。由哈里发瓦立德于705—715年建造，此后历经多次重建。

✝ 图2.6 阿克萨清真寺内部（斯蒂芬·布鲁克摄）。 这是一张极其罕见的照片，在十字军东征期间，这里是圣殿骑士最初的家。

圣殿骑士团成立的时机非常关键。1119年复活节前夜，一个由七百人组成的朝圣团遭到了袭击，三百人惨遭屠杀，六十人被俘虏，朝圣团所有的财物全都被当成战利品抢走，绝望之情席卷了耶路撒冷。圣殿骑士团的建立成了基督教世界在圣地继续存在下去的先决条件。

成立于1080年左右的医院骑士团，即耶路撒冷圣约翰医院骑士团（现为马耳他骑士团），是一个专为朝圣者提供医疗和住所的慈善团体，它于1113年获得教皇的认可。尽管武力从来不是医院骑士而是圣殿骑士的专业领域，但在12世纪30年代，医院骑士团也开始参与军事行动。

耶路撒冷实际上与欧洲在巴勒斯坦的其他领地相互隔绝。虽然对于十字军来说这座城市既有巨大的象征意义，又有很深的感情羁绊，但实际情况是耶路撒冷被穆斯林势力包围，处于不断遭受攻击的险境之中。该地区由耶路撒冷基督教牧首、耶路撒冷拉丁王国国王以及这个地区势力最强大的一位十字军封建领主共同统治，这种政治不稳的局势，经常导致它与外界的联络中断，或者发生利益冲突。

对朝圣者来说，危险来自很多方面：从雅法港（即今特拉维夫的南面）到耶路撒冷之间的路线，风险完全不受控制——两地直线距离约为 35 英里——中间是一段危险的山路，要走上两天；其间还要穿过酷热的沙漠和干旱地带，周围到处是强盗、穆斯林军队，还有狮子等野生动物。长期以来，耶路撒冷缺乏稳定的军事力量供给。巴勒斯坦的港口城市才是真正的经济活动中心，来自意大利热那亚、比萨和威尼斯等城市的商人在那里进行着活跃的地中海贸易。国王鲍德温一世希望能让欧洲人在耶路撒冷定居，以防范周围的穆斯林敌人，这种愿望促使他向人们提供经济奖励，鼓励他们移居耶路撒冷。

✝ 图 2.7 《乘船旅行的朝圣者》(13 世纪画作)。当朝圣者乘船抵达目的地圣地时，艰苦的旅程愈加危险。

明谷（克莱尔沃）的圣伯尔纳铎
和骑士团的成长

刚刚成立的圣殿骑士团经常遭遇数不清的问题。骑士们发誓要过贫穷的生活，穿的衣服都是信徒们捐赠的世俗服装。他们的印章是两名骑士同乘一匹马，象征着他们要过贫穷生活的誓言和一穷二白的开端。当时的一位历史学家认为他们的驻地多少有点残破失修，然而这个骑士团正在成长。

圣伯尔纳铎，一位在他那个时代最有影响力和政治权力的天主教神学家，对这个羽翼未丰的骑士团产生了浓厚兴趣。伯尔纳铎（英译为伯纳德）是安德烈·德·蒙塔巴德的侄子，后者是圣殿骑士团初创时的九名骑士之一，后来成为骑士团的大团长。伯尔纳铎是熙笃会（又译西多会）的成员，并被选为明谷修道院的第一任院长。

1126 年，安德烈·德·蒙塔巴德和一位名叫贡德马尔的圣殿骑士离开耶路撒冷前往欧洲。鲍德温二世曾写信给伯尔纳铎，请求他帮忙让教皇批准圣殿骑士团成立，并起草一份修士教规指导圣殿骑士团成员们的行动。之后不久，帕英出发前往欧洲招募新的骑士，募捐土地和金钱，宣扬圣殿骑士团的功绩。

✝ 图 2.8 《明谷的圣伯尔纳铎》(15 世纪画作)。在画的上半
　部分，这位圣徒正在向熙笃会的修士传道；在画的下半部分，
　他成功克服了恶魔的种种诱惑。

伯尔纳铎为圣殿骑士团提供了巨大帮助，他本人则对宗教性骑士团设想的整合做出了特别贡献。伯尔纳铎出生于 1090 年，在成长过程中，他一直想成为一名骑士，直到二十岁时皈依宗教改变了他的一生。三十六岁时，伯尔纳铎几乎达到个人权力的巅峰，虽然慢性疾病使他身体虚弱，但他的精神极为活跃且强大。他对 12 世纪教会的影响是无法衡量的，甚至可以说他个人就是基督教的良知标准。凡他支持的，就繁荣昌盛；凡他谴责的，就枯萎凋零。伯尔纳铎对圣殿骑士团的大力支持保证了他们的成功。

伯尔纳铎在 1112 年成为一名熙笃会修士，当时这个组织正处于解散边缘。1115 年，二十五岁的他被选为明谷修道院院长。1118 年，熙笃会只有七所修道院，在他的领导下，到了 1152 年，七所修道院变成了三百二十八所。伯尔纳铎是一个极有天分的组织者，在组建层级组织、高效运行权力结构方面有着特殊技能。他把这份才能应用到圣殿骑士身上。

伯尔纳铎还是一个极度的神秘主义者，是 12 世纪开始兴盛的崇拜圣母玛利亚的主要倡导者。圣母是母亲和代祷者的高尚典范，这种特质影响了圣殿骑士团。伯尔纳铎意识到了对基督之母的崇拜有巨大的情感潜力，他教导说，真诚热情、持久渴望的探索者将感受

✝ 图 2.9　阿格尼斯圣母教堂（维尔·夏佩尔摄）。

到"甜蜜神圣的爱注入心扉"[1]。

1129 年 1 月，在距离巴黎东南约 90 英里的特鲁瓦，教皇委员会应伯尔纳铎的要求召开集会，特鲁瓦委员会开会的目的是讨论帕英、鲍德温二世和伯尔纳铎提起的关于圣殿骑士团的议题，许多大主教、主教和修道院院长出席了会议，教皇洪诺留二世派了使节代表他出席。在教皇和耶路撒冷主教司斯蒂芬的主持下，会议为圣殿骑士团制定了《圣殿骑士团教规》。教皇还授予圣殿骑士独特的制服——朴素的白色长袍，1147 年，又在白袍上加上了红十字。

✝ 图 2.10 《特鲁瓦委员会》(19 世纪画作）。特鲁瓦会议正式确认骑士团直接受教皇洪诺留领导，是圣殿骑士团历史上的一个决定性事件。

《圣殿骑士团教规》

　　伯尔纳铎主持了规范骑士团成员行为的原始教规的起草工作，《圣殿骑士团教规》纵贯圣殿骑士团的全部历史，"我们首先为那些私下里看轻自己的个人意志，以一颗纯洁的心服侍上帝，做他的骑士，愿意勤勉追求以高贵的服从精神为盔甲、直到永远的人说话"。[2] 在《圣殿骑士团教规》的开篇，伯尔纳铎绘就一幅画卷，赞颂纯粹的骑士精神和完美骑士的典范，并揭露了当时世俗的骑士并不能履行这一高标准。"在这个宗教骑士团中，骑士精神蓬勃发展，正在复兴。这种骑士精神蔑视那些号称热爱公正的骑士，他们有责任维护公正，却并不做应该做的事情，不仅没有去保护穷人、寡妇、孤儿和教会，反而竭力掠夺和杀害他们。"[3] 爱德华·伯曼评论道："圣殿骑士自己在追忆想象中的理想骑士精神，而后来的教派和秘密社团则对圣殿骑士抱有美好的回忆。"[4]

　　《圣殿骑士团教规》中有如下规定：骑士团的大团长权力至高无上。教规最后一段对这份权力的至高无上有如下规定：所有条款应由大团长酌情遵守或不遵守；大团长的任期是终身制；人们会念诵大量的祈祷文，庄严纪念他的死亡；大团长的继任者会由一个

✛ 图 2.11 《骑马的圣殿骑士》(13 世纪画作)。本笃会修士马修·帕里斯是那个时代的历史学家、插画家,圣殿骑士团印章(见图 2.1)上两名同骑一匹战马的圣殿骑士以及圣殿骑士团黑白双色旗都是他绘制的。

13 名成员组成的选举团选出——代表十二门徒的 8 名骑士、4 名军士,以及一名代表耶稣基督的司铎兄弟。

精英骑士要承担严格的义务:圣殿骑士的日常生活方式是宗教式的,基于本笃会教士的生活方式,包含大量祈祷和弥撒活动;当然,宗教活动与照料马匹、保养武器盔甲和其他战斗工具的必要工作相互平衡；除非在医院里，骑士在任何时候都要穿着白色的骑士团制服，并且不准在武器或盔甲上佩戴任何饰品；每天起床时要念 26 遍主祷文，在就餐前要再念 16 遍，加起来一天要念主祷文 148 遍；所有人要一起就餐，就餐时要保持安静，餐桌上既没有酒也没有水；吃饭的时候要诵经；吃剩的食物则会被分给仆人和穷人；凡饼的 1/10 要施舍；每周可以吃肉 3 天；圣殿骑士住处的灯火整夜都要亮着。

圣殿骑士团每年都会在复活节和圣诞节这两个节日半禁食 40 天，另一方面，圣殿骑士禁用传统的教士禁食方式，因为他们必须保持身体健康以备战斗；骑士要剃掉头发，一切从简，以此作为贫穷和谦卑的标志；为了纪念耶稣基督的谦逊言行，团长必须在耶稣受难日前的那个星期四为 13 个贫民洗脚，然后要分发衣服、食物和救济品，骑士也要执行一年一度的奉献圣体和施舍的仪式；除了狮子，禁止狩猎动物，因为圣彼得认为狮子是魔鬼的象征（《彼得前书》第 5 节第 8 句）；一切财产都归所有人共有，甚至是私人信件都要当着大团长的面大声朗读；另外还有为照顾年老、退休及患病团员而制定的条款。

圣殿只招纳男性。严格的誓言要求骑士保持独身，

✝ 图2.12 《圣殿骑士和狮子》。画中双方的比例可能是象征邪恶势力所具有的压倒性力量，穿着白衣的圣殿骑士必须坚韧不拔。另一方面，圣殿骑士们脸上从容的神态可能意味着对原始力量的驯服，要知道，《启示录》第五节第五句话中，耶稣基督被认为是"犹大支派中的狮子"。

不能结婚，更不能在加入之后还保持着婚姻关系，成为圣殿骑士的男人的妻子要作为修女加入其他宗教团体；圣殿骑士不可以亲吻他们的母亲、妻子、姐妹或任何女性，最好连看都不要看；骑士不可以给人当教父。虽然《圣殿骑士团教规》可能有一种近乎厌女症的特质，但也专门明确了圣母玛利亚的地位："圣母是我们骑士团的开端，愿蒙上帝垂怜，让她和她的荣光照耀，直到我们生命的终结，直到骑士团毁灭，无论何时总照上帝的旨意而行。"[5]

✝ 图 2.13 《圣本笃》(11 世纪画作)。《圣殿骑士团教规》参
照了本笃（本尼狄克）于 6 世纪在卡西诺山上建立教团所采取
的制度。

大量的军事教导是《圣殿骑士团教规》的重要组成部分，教规详细深入地讨论了怎样设立营地，怎样保持军纪，也给出了关于任务和战斗期间各种行为的指示，包括怎样使用骑士团的黑白双色旗、明确划分纪律等级，也详细阐述了失败时该如何做。

《圣殿骑士团教规》中详细描述了怎样吸收新成员加入骑士团。首先，分团长要确定没有人对候选人持反对意见，然后他要告知候选人身为圣殿骑士要过

✝ 图 2.14 阿维尼翁主教座堂（维尔·夏佩尔摄）。伯尔纳铎对
圣母的颂扬是基督教的重要成果。

的严酷日常生活，随后会针对候选人性格和以往生活经历进行盘问，还会问他是否愿意放弃自己以前的生活，是否愿意投身为骑士团服役的生活。

　　每个新成员都是在他的入会仪式上第一次听到宣读秘密教规，人们要求他发誓绝对服从并忠于大团长和《圣殿骑士团教规》的指示，发誓过贫穷生活，保守贞洁，并发誓保卫耶路撒冷；最后，他会得到指示，人们会告诉他余生所要遵守的纪律。《圣殿骑士团教规》中所描述的纳新仪式丝毫没有 14 世纪宗教裁判所指控的邪恶异端行为。[6]

✟　图 2.15　《两个圣殿骑士下棋》（13 世纪画作）。出自为莱昂王
　　国和卡斯蒂利亚王国国王阿方索十世编写的一本国际象棋书。
　　可与插图 15.6 相参照。

违反《圣殿骑士团教规》的惩罚有轻度羞辱，如一年零一天都要在地板上吃饭，不准穿骑士长袍，丧失所有骑士权责；也有严厉的惩罚，如驱逐出团，甚至可能被永久监禁。1301年，爱尔兰分团团长威廉·勒巴克尔被逐出圣殿骑士团，他被关在一间能够俯瞰教堂的小牢房里直至饿死，罪行是未经许可出售骑士团的土地。在居住的牢房里，他可以看到其他骑士参加他无法参加的弥撒和圣餐仪式。

每周会在住了四个或四个以上骑士的骑士舍召开分会会议：布道之后，违反《圣殿骑士团教规》的团员可以进行忏悔，忏悔完的团员会离开房间，让分团私下讨论应该施以怎样的惩罚；有时会有团员提出控告而非忏悔，如果被告的罪行得到证实，那么他受到的惩罚会比主动认罪更严厉。后来，圣殿骑士团的敌人指责说，这种自我监督的做法是想要取代宗教的忏悔仪式，而后者通常需要在一名司铎的参与下进行。尽管这个指控并非事实，但一些头脑简单的人对此并不清楚，研读《圣殿骑士团教规》可以帮助我们解答他们的困惑。

《圣殿骑士团教规》规定：骑士不得向任何人忏悔，除非是团里的司铎，"因为他们比大主教更有权代表教皇赦免他们的罪行"。[7]然而，司铎不能赦免如

✚ 图 2.16 《行邪术的西门的堕落》(12 世纪画作)。在《使徒行传》第 8 节
　　第 9 ～ 24 句，魔术师西门想要从使徒那里购买赐下圣灵的权柄，因此他的
　　名字成为用物质换取宗教美德的亵渎行为的代名词。

下特定的罪行：杀死一名基督徒；殴打一名团员兄弟，使他鲜血横流；对其他修士团体的人动手，不管被打的人是什么职位；在加入圣殿骑士团后又违背自己的誓言，改投另一个教派；或者通过买卖成为圣殿骑士。这些罪孽只有地区牧首、大主教或主教才能赦免。

最初，犯有以下九项罪行会被赶出骑士团，这些行为包括：买卖圣物；泄露某一分团的秘密；杀害男、女基督徒；偷窃；以从大门走出以外的方式离开屋子（这意味着偷窃或其他险恶动机）；在团员兄弟间施展阴谋；叛国通敌（撒拉逊人）；异端邪说；因惧怕敌人而不听从旗帜号令；擅自从战场逃跑。后来又加上了"淫秽下流的鸡奸罪"[8]、在教会中没有圣职的人加入骑士团和未经允许接受圣职等罪名。

对新骑士精神的赞美

伯尔纳铎对骑士的招募和随后的神秘化做出了另一个极其重要的贡献，他写了一封长信给雨果·德·帕英，详细阐述了自己对骑士信条和理想圣骑士的想法。据信，这篇论述写于 1135 年，题目是《圣殿骑士之书：对新骑士精神的赞美》（*Liber ad milites Templi：De laude novae militiae*）。

这封信旨在为现役和未来的骑士团成员提供指导，鼓励有远见的成员主动请缨，并在基督教背景下把骑士团合理化。这也是对那些批评者的回应，后者认为基督教怎么能有既是教士又是战士的军队呢，教士的职责是施救，而战士的使命是杀戮，这两者乃是相互排斥的。

伯尔纳铎严厉批判那些虚荣和傲慢的世俗骑士，批判他们飘逸的长发、轻薄的丝绸衣饰和闪闪发光的珠宝首饰，批判他们用羽毛装饰的盔甲和彩绘的盾牌。伯尔纳铎说，这些都是"女人的饰品"[9]。"新骑士历代不为人所知，他们要在两个阵地作战，在一个阵地对抗有血有肉活生生的敌人，在另一个阵地对抗极乐世界中的邪恶念头。"[10] 既是教士又是骑士的他，是基督的战士，"他也不是徒然地拿着剑，因为他是上帝用来惩罚作恶者和造福人类的使者。如果杀死了一个坏人，并不是杀人凶手，要是按我说的话，他就是一个除魔卫道之人"[11]。伯尔纳铎是一个备受尊敬的神学家，他高屋建瓴，赋予骑士团杀死基督仇敌的必要性和合法性，使骑士团超然于批评之外。

除了纪律之外，圣殿骑士的突出品质还有他们的勇气，其因此得到穆斯林和欧洲人的同等尊敬。尽管在接下来的两百年里他们经常遭遇失败，但圣殿骑士

✝ 图 2.17 《杰弗里·卢特雷尔爵士》(14 世纪画作)。看上去这位世俗骑士恰恰体现出圣伯尔纳铎在他给雨果·德·帕英的信中所批判的那些价值观。画中，卢特雷尔正准备出发去参加一场比赛，他的妻子和儿媳也来观看比赛。伯尔纳铎向圣殿骑士宣扬的从简美德完美地衬托了那个时代的虚荣和自我放纵。

的勇气很少受到质疑。这种现象的根源可以追溯到伯尔纳铎在《圣殿骑士之书：对新骑士精神的赞美》中的极力推崇："真的，他是无畏的骑士，而且极为安然笃定，他的身体全副武装，灵魂也包裹着信仰的盔甲。他既不怕恶魔，也不怕人……"[12] 在身体之外，是钢铁而不是黄金，带给他们安全，因为他们要让敌人感到恐惧，而不是激起贪婪；他们需要马儿轻快强壮，而不是被华丽装饰；他们的目的是战斗，而不是招摇过市；他们追求胜利，而不是荣誉；他们宁可让人恐惧，也不愿让人赞叹……"[13]

✚ 图 2.18 《撒旦军队的失败》（13 世纪画作）。中世纪的战士觉得没有必要对敌人大发慈悲，也不需要从多元文化角度对他们的看法怀有欣赏。穆斯林被认为是撒旦的后裔，伯尔纳铎清楚地表明，无论是在天堂还是人间，善恶之间必有一战。

✝ 图 2.19 《大卫王杀死亚玛力人》(13 世纪画作)。画家把十字军与古代以色列人相提并论，描摹这个《圣经》中的战斗场景，让古代战士穿上当时流行的中世纪服装和盔甲，使用中世纪的武器，这种描绘非常吸引人。

圣殿骑士团的架构

当然，圣殿骑士是骑士团的精英成员，《圣殿骑士团教规》主要就是为了规范他们的行为。他们没有什么实际的骑士训练计划，因为能加入骑士团说明此人应是一个已经受过系统训练的合格战士。骑士全都是从贵族中挑选出来的，从建团时期开始，骑士在全体团员中的实际占比一直都很小。不少历史学家估计，10% 是最合理的数字；根据估算，在圣殿骑士团毁灭之前，全体成员共 1.5 万人，其中 10% 是骑士。[14] 圣殿骑士是团里唯一有资格穿着标志性的红十字白袍的成员。

大部分成员，毫不夸张地说，做的是后勤支援工作，负责管理和满足核心精英——武装骑士和重甲骑士的庞大需求。军士是这个复杂后勤系统的高级成员，他们的职责囊括从烹饪到战争的一切。他们的制服是前后都有红色十字架的黑色束腰外衣以及黑色或棕色披风。尽管地位没有骑士那么高，但军士被赋予与骑士相同的职责，骑士不在时，他们全权负责圣殿骑士团的内部事务。

✝ 图 2.20 《十字军东征的后勤保障》(13 世纪画作)。年轻的大卫王在战斗前向军队提供给养。这幅画既清晰描绘了十字军军队的补给，也展示了十字军源自《圣经》的心理认同。

大批现役成员在不同的职能领域中工作，他们中有步兵、神职人员、招聘人员、军械工、铁匠、马夫、厨师、酿酒师、制革工、技师、石匠、木匠、建筑师、医务人员，也有仆人和劳工。照顾马匹是最重要的工作之一，马队的运输、居住、饲养和维护需要大量的钱财和精力（每位骑士最多可拥有3匹马）。当圣殿骑士团成为中世纪欧洲最富有的组织之一时，一部分人打理着骑士团的财务，其他人则负责维护和管理近期捐赠给骑士团的土地。圣殿骑士团的农场需要农业和畜牧业方面的专家，也需要农工；负责分配农产品、羊毛、肉类和其他产品的人员随着时间的推移也越来越多；捐赠的土地可以出租收取租金，诸如磨坊、榨酒机和矿井等设施也可以成为收入来源。后来，圣殿骑士开始涉足航运业，发展他们自己的船队，沿着地中海将朝圣者、士兵和物资一路运送到圣地去，自然也包括了贸易；其他港口城市也都有圣殿骑士团的房子。

圣殿骑士进行这些活动的目的是为在圣地运作筹集必要的资金和物资。庞大的欧洲支援网络是圣地最重要的成就之一，如果没有它，圣殿骑士团在第一次重大失败后就不复存在了，以欧洲为基础的货币、物资和人力供应，使圣殿骑士团在持续两个世纪的战争中一直得以存在。

圣殿骑士团的金融创新

圣殿骑士建立了国际银行业务。他们一路向东，沿路建立了许多堡垒，自然而然成为国王、贵族、商人、十字军人和朝圣者储藏黄金与其他贵重物品的好地方，相比携带大量现金行走在危险的道路上，人们相信圣殿骑士团的货币传输网络更加安全，他们可以根据需要，在抵达圣地时申领存放在骑士团欧洲分部的资金。最终，处在不同地点的圣殿骑士团之间用纸记录存款和支付的方式催生了现代人用支票从账户提钱的做法。

那些即将踏上长达数年危险的海外旅程的人往往会先立下遗嘱，他们将这些遗嘱交由圣殿骑士团安全保管，因此，骑士团可能需要履行遗嘱执行人的委托，把交给他们照顾的遗产交付给应得的人。骑士团也经常接受大量现金赠予，有些时候，捐款将专门用于东征，还有些时候，这笔钱是给骑士团的赠礼，因此记录必须精确。

随着时间的推移，圣殿骑士团发展起来的财务方式变得愈发复杂，特别是在法国，圣殿骑士团的金融机构为君主政体提供内容广泛的银行服务，这些活动包括立税征税、汇款、管理债务和信贷以及支付年金，贵族们看到王室成员对圣殿骑士团这么有信心，也就同样选择使用他们的服务。

圣殿骑士团的堡垒守卫森严，他们提供的武装安保措施给人留下了深刻印象，以至他们早在 1185 年就被雇佣来守卫英格兰的王室珍宝。1204 年，英国国王的王冠被保存在伦敦圣殿骑士团分部。圣殿骑士团的仓库还被用来作为第三方保管账户存放资金，除了黄金、珠宝、文件这样的贵重物品，圣殿骑士团还被委托在阿拉贡保管牲畜甚至奴隶 [15]。同样，卓越的保存记录对于他们的成功来说必不可少，作为一个名副其

✝ 图 2.21 《1185 年圣殿骑士审计记录》。圣殿骑士团要求对其名下财产的范围和种类进行严格的会计核算。这是英国圣殿骑士团团长在全国范围内进行的一次审计记录。

实值得信赖的金融机构，他们能够精准确定被存放货物的价值。

圣殿骑士团在欧洲的整体网络为欧洲第一次发展以现金为基础的经济做出了贡献，例如，骑士团的农场开创了为售卖粮食而种植庄稼的做法，在此之前，人们耕作只是为了维持生计。十字军行动持续不断的资金需求使得圣殿骑士必须成为金融创新者，圣地已经成为一个现金经济体，可支配的财富比固定财产（如房产）更重要，后者很容易受到不断变化的战略形势的影响。圣殿骑士已经适应了这种情况。随着欧洲经济逐渐向现金经济转型，骑士团熟悉现金经济的运作规律，对此富于经验，因而成为欧洲经济发展的先锋。

在中世纪受到禁止的高利贷被掩盖在繁复的合同条款之下，支付利息被粉饰成行政开支，事先从借款人收到的款项中扣除，或通过谨慎操纵货币汇率实现。圣殿骑士放贷可以追溯到圣殿骑士团建成初期，尚在帕英领导下时，尽管伯尔纳铎极力反对物欲和一般货币贸易，但帕英认为这是圣殿骑士团的职责之一。几乎所有的欧洲君主都向圣殿骑士团借过钱，一些修道院也是如此。

尽管圣殿骑士团拥有大量土地和其他硬资产，但是人们对骑士团拥有巨额财富的想象无疑是夸大其词

✠ 图 2.22 《由三个相互支撑的团体组成的社群》(13 世纪画作)。 圣殿骑士团的特别之处代表了 11 世纪不断发展的社会理想。在这个理想中，那些耕耘土地的人、战斗的人以及祈祷的人共同努力，以实现更宏大的目标。

的，在考虑他们富可敌国的神秘财富时，也要考虑到两百年军事行动的巨大成本以及装备、运输、住房和供养大量相关人员的正当日常开支；此外，城堡的建造、修缮和重建也都耗费了大量的资金，还有巨额的赎金、无法偿清的贷款，以及在战斗中被敌人夺走的财物。

十

第三章

圣殿骑士团的壮大

CHAPTER

3

圣殿骑士在欧洲的崛起

伯尔纳铎的支持，教皇对《圣殿骑士团教规》的承认，以及特鲁瓦委员会授予的地位促成了圣殿骑士团成员人数的增加。有心之人看到了将得到荣耀、危险、旅行、赎罪，以及为在尘世建立上帝之国而战斗的机会，由武装教士组成宗教性军事团体的概念生逢其时。在很短的时间内，贵族向圣殿骑士团捐赠了大笔财产和土地，他们为骑士团的魅力兴奋不已，通过向这样一个神圣的基督教团体慷慨解囊消解自身罪孽。帕英是最早捐出自己名下土地的人之一，由于骑士团的主要成员是法国人，法国自然而然成为骑士团扩张的首个地区，帕英很快就任命了一位国家级别的圣殿骑士分团长，此举为骑士团成长为国际性组织奠定了基础。

接下来他去了英格兰和苏格兰，在那里也募集到

图 3.1　皇家酒庄（维尔·夏佩尔摄）。这座城堡位于地中海沿岸的法国小镇科利乌尔，由圣殿骑士建造。

了捐赠的土地、金钱和志愿者。1128 年（一说是 1129年），帕英建立了伦敦圣殿骑士团，国王斯蒂芬于1135 年登基，他的父亲是第一次十字军东征的一员，而斯蒂芬的妻子是耶路撒冷国王鲍德温一世的侄女。在斯蒂芬统治期间，圣殿骑士团的英格兰分部蓬勃发展，苛捐杂税的免除对此起了很大的作用。

1130 年，圣殿骑士团在西班牙半岛成立，在那里圣殿骑士团第一次对摩尔人发动军事行动。阿拉贡的圣殿骑士除了宣誓效忠骑士团之外，还必须宣誓效忠国王；在加泰罗尼亚和阿拉贡统治者的庇护下，骑士团获得大量的土地，这是表彰和肯定其军事支持的重要性；在邻国葡萄牙，特蕾莎女伯爵把一座城堡及周围的土地捐助给骑士团。

由于意大利支离破碎的政治组织，骑士团在此的发展较为缓慢，然而，意大利沿海有许多港口城市，十字军、商人和朝圣者从这些港口出发前往圣地，骑士团在每座这样的城市都设有分支机构。

✝ 图 3.2　圣厄拉利耶德塞尔农（维尔·夏佩尔摄）。法国南部最重要的圣殿骑士团驻地。

✛ 图 3.3 拉库韦尔图瓦拉德（维尔·夏佩尔摄）。由圣殿骑士建造的用城墙围起来的小镇。

✛ 图 3.4 拉库韦尔图瓦拉德（维尔·夏佩尔摄）。

✝ 图 3.5 位于圣厄拉利耶德塞尔农的圣殿教堂（维尔·夏佩尔摄）。

✚ 图 3.6 科利乌尔皇家酒庄的另一面（维尔·夏佩尔摄）。

＋ 图 3.7 英国苏塞克斯郡的希普利教堂（斯特拉·贝尔纳迪夫人摄）。这里是圣殿骑士团在英格兰较大的地方领地。

＋ 图 3.8 英国苏塞克斯郡的桑普廷塔（斯特拉·贝尔纳迪夫人摄）。

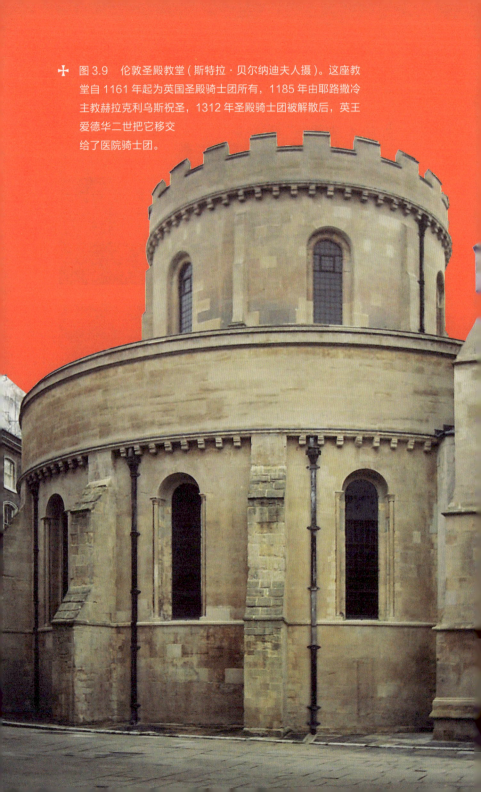

✚ 图 3.9　伦敦圣殿教堂（斯特拉·贝尔纳迪夫人摄）。这座教堂自 1161 年起为英国圣殿骑士团所有，1185 年由耶路撒冷主教赫拉克利乌斯祝圣，1312 年圣殿骑士团被解散后，英王爱德华二世把它移交给了医院骑士团。

圣殿骑士团在圣地耶路撒冷的发展

1129 年，早与圣殿骑士交好的福尔克伯爵陪同帕英返回巴勒斯坦(相较于欧洲,这里被称为"乌特雷默",意为海外之地)。鲍德温二世没有男性继承人，为了维护耶路撒冷王国的血统传承，他向福尔克伸出了橄榄枝，要把自己的长女梅利桑德许配给他。帕英这次在欧洲的招新很成功，有 300 多名新成员跟随福尔克与帕英来到耶路撒冷圣地服役,其他新人则留在了欧洲。帕英委任法国分部的团长佩恩·德·蒙迪迪耶负责监督欧洲所有圣殿骑士团的活动。许多志愿加入的新人在放弃世俗生活后，向骑士团贡献了巨额物质财富。

福尔克和梅利桑德于 1129 年 5 月底结婚。鲍德温立即派遣福尔克和新近扩充的圣殿骑士团参与进攻大马士革，这场战斗发生在 10 月，基督徒们输得很彻底，新近到来的欧洲新团员缺乏经验，导致圣殿骑士团出师不利。然而，战败并没有降低他们在圣地和欧洲的声望，圣殿骑士的勇敢名声被世俗骑士和归国的朝圣者一起传回欧洲老家。人们在图卢兹召开大会，会议的目的是讨论要向骑士团赠送什么礼物，45 名捐助者提供了钱财和地产。圣殿骑士团的名气、财富和成员数量继续上升。

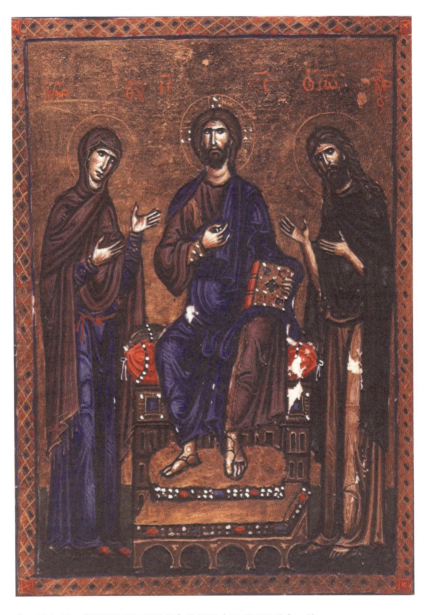

✝ 图 3.10 《梅利桑德王后诗篇》的插图（12 世纪画作）。这
 是现存的唯一一部被认为是当时在圣地创作的手稿。

　　圣殿骑士团的招募工作持续向好,特别是在这个
时候,尤为受欢迎。穆斯林领袖赞吉崛起——他曾是
塞尔柱王朝苏丹马利克沙的库尔德奴隶,后来建立了
阿塔贝格王朝——被视为对基督教利益特别有威胁的
王朝。1128 年,赞吉成为阿勒颇省的统治者;1130 年,
他成了叙利亚北部的主人。

　　1130 年,当安条克的波希蒙德亲王在战斗中阵亡
时,他的遗孀,也就是鲍德温二世最小的女儿爱丽丝

图 3.12 《赞吉》（保罗·基什内尔绘）。十字军东征时最伟大的穆斯林指挥官之一的理想化肖像。

宣布自己为安条克摄政女王，并向赞吉效忠。这种情况对鲍德温来说是无法忍受的，他和福尔克立刻出兵干预，把爱丽丝驱逐出境。鲍德温再次成为安条克的摄政王，他曾在 1126 年欣然将这个位置交给波希蒙德亲王和爱丽丝。

鲍德温二世死于 1131 年 8 月。9 月，福尔克和梅利桑德一同加冕，继承了他的王位，爱丽丝很快返回安条克，与他们作对。福尔克设法镇压了一场有可能发生的叛乱。1136 年，福尔克老谋深算，为爱丽丝九岁的女儿康斯坦丝和普瓦捷的雷蒙牵线，促成了两人的婚事，由此，雷蒙和福尔克组成了一个统一的基督教阵线，前者的出现为这个地区又增添了一份力量。

在 12 世纪 30 年代几乎没有圣殿骑士的相关活动记录。毫无疑问，他们此时正致力于整合新成员，并开设必要的训练项目，将欧洲骑士转变为能够在新环境中应对各种战术和策略的士兵。大量突然增加的圣殿骑士，产生了许多实际的、后勤方面的需求，这些需求非全力以赴不能顺利满足。1131 年和 1136 年，圣殿骑士团分别从福尔克和雷蒙处获得地产赠予，这些地产是骑士团在圣地最北的边界——阿曼山脉的第一批城堡。

由于欧洲人一直留在圣地，圣殿骑士团最初立下的保护朝圣者的目标就不那么重要了，遂逐渐发展成为一支十字军战斗力量。穆斯林使用的作战策略与欧洲士兵常用的完全不同，结果早期几次军事行动对欧洲人来说是彻头彻尾的灾难。圣殿骑士在与穆斯林的战斗中获得了来之不易的第一手经验，凭借这些经验，圣殿骑士成为来此发财的国王和骑士的军事顾问。帕英于 1136 年 5 月 24 日逝世，他的骑士团此时已经成功建立，并将成为西方文明永恒的神话。帕英和鲍德温二世的去世预示着第一代东征十字军的谢幕。

✝ 图 3.13　巴格拉斯城堡（大卫·尼科尔摄）。巴格拉斯位于十字军东征势力所及的最北端阿曼山脉，此处是羽翼未丰的圣殿骑士团最早占领的地区之一。（下图）

✝ 图 3.14　阿布戈什（斯蒂芬·布鲁克摄）。这座教堂建于 1141 年，位于耶路撒冷以西约 10 英里，是最早的十字军建筑之一。（右页图）

《各样美善的恩赐》和教皇的支持

英诺森二世于 1130 年成为教皇，他是圣殿骑士的主要拥护者。他接受骑士团每年上贡，其他神职人员听说之后也加入进来。1138 年，英诺森二世会见了圣殿骑士团大团长罗伯特一世·德·克拉恩，一位睿智而有说服力的外交家。德·克拉恩详细解释了圣地战役日益增多，骑士团为此要面对不断增加的财政和行政负担的情况，英诺森认真听取了他的意见，他明白，教会必须维持强大的军事力量，这样才能完成其精神统治的使命。

1139 年 3 月 29 日，英诺森二世向圣殿骑士团下发了教皇诏书《各样美善的恩赐》（*Omne datum optimum*）。伯尔纳铎当时正在罗马，他一定很高兴。这项具有里程碑意义的法令宣布圣殿骑士是"真正的以色列人"，因为他们遵循慈悲精神和神性之爱的戒律。在诏书中，教皇为骑士团增添了一个神父兄弟的新类别，神父兄弟会为骑士团内部精英骑士和各地分团所有服役的其他团员的精神幸福服务，从而把圣殿骑士从地方教会的权力中解放出来；圣殿骑士团只对教皇负责，圣殿骑士是教皇的私人军队，而教皇是圣殿骑士唯一的权威；圣殿骑士被赋予权利去修建自己的教堂，以免与罪人同处一室；他们可以保留所有在战斗中缴获的战利品，被免除任何什一税，并被授权可自行收取什一税；除了教皇之外，他们不受包括国王和皇帝以及整个教会各个等级任何权威的约束；没有人可以要求圣殿骑士发誓；不是圣殿骑士就不能被选为骑士团团长（这使得国王更难"操纵"选举）；所有对《圣殿骑士团教规》的修改只能由团长和一个骑士分团来完成。此外，这篇训谕不仅确认圣殿骑士是前

✝ 图3.15 梵蒂冈的圣彼得大教堂（斯蒂芬·布鲁克摄）。耶稣基督说："你是彼得，我要把我的教会建造在这磐石上。"（《马太福音》16：18）。这座教堂在文艺复兴时期重建造，是罗马天主教的中心。

✝ 图 3.16　圣彼得大教堂室内（斯蒂芬·布鲁克摄）。这座文艺
复兴时期的杰出建筑是驱动人类信奉宗教的本能力量的丰碑，
其宏伟程度堪与古埃及人的伟大神庙相媲美。

往耶路撒冷朝圣者的守卫，而且声称上帝和圣彼得授权他们保护教会本身免受仇敌的伤害。

《各样美善的恩赐》在后续历任教皇为继续激励圣殿骑士团而颁发的训谕中被多次提及。1144年，教皇塞莱斯廷二世发布了《圣殿骑士团》（*Milites Templi*），授予圣殿骑士的捐助者特赦，这则训谕还允许骑士团每年在教堂收一次税，当前去收税的圣殿骑

✝ 图3.17 《圣殿骑士》（理查德·斯科林斯绘）。这幅现在所画的插图展示了1145年由教皇尤金三世批准加上著名红十字的圣殿骑士白袍，图中的黑白双色旗被白底黑色马耳他十字旗所取代。

士在场时，允许在受到禁止的地区举行弥撒。1145 年，伯尔纳铎的弟子——教皇尤金三世颁发了《上帝的骑士团》（*Milites Dei*），授权改变骑士团战旗的设计，把原有的矩形黑白图案改为用纯白底配黑色八角马耳他十字架。《上帝的骑士团》还进一步允许圣殿骑士团建造独立于主教辖区的教堂，并把圣殿骑士的尸体埋葬在附属于这些独立教堂的墓地里 [1]。《各样美善的恩赐》《圣殿骑士团》《上帝的骑士团》这三份教皇训谕平息了天主教正统思想中任何对圣殿骑士使命的道德怀疑。神圣的战士挥舞着毁灭性武器，要在尘世建立和保护基督王国，他们应该得到所有人的帮助和支持、爱戴和尊敬，还应该得到大量的物质上的赠礼。

十

第二次十字军东征与叙利亚阿萨辛

CHAPTER

4

从 1130 年开始的第一个十年代表了乌特雷默历史上的转折点——最初由第一次十字军东征胜利带来的狂热平息之后，欧洲人的领地需要更加复杂的组织策略来维护。虽然圣殿骑士招新活动的迅速成功重新点燃了这股热情，但圣地的政治形势确确实实变得非常复杂。欧洲占领者，统称为法兰克人，分为四个独立的十字军国家：耶路撒冷王国、安条克公国、的黎波里伯国和短命的埃德萨伯国。这四个国家经常相互冲突。

　　分散的穆斯林各部和相互冲突的穆斯林豪强，也使得政治局势动荡不定。不同的统治者或者团体建立各种暂时生效的联盟和签订协议；土地和城堡经常易手，有的是通过征服夺取，也有的是通过条约出让。有时候，互相敌对的双方会跨越宗教和文化的分隔联合在一起，攻击与自己信奉同一宗教的人们。

阿萨辛派（尼查里－伊斯玛仪）

一个什叶派组织在圣殿骑士的故事中扮演了重要角色，那就是阿萨辛派，也就是刺客团，更准确地说，他们被称为尼查里－伊斯玛仪。阿萨辛派是由波斯人哈桑·萨巴赫创立，从 1090 年到 1124 年，据说此人一直管辖着阿拉穆特山中的城堡要塞。这个教派以先知穆罕默德血统正统传承的复杂理论为基础，由头领阿迦汗带领诸教徒，至今仍然是一个生机勃勃的重要的穆斯林教派。在他们持续了约一百五十年的军事行动的开始阶段，哈桑把暗杀作为一种政治手段，通过使用这种手段，他的教派成功打乱了敌占区的力量平衡。在占据阿拉穆特后不久，他派遣尼查里传教士，前往数千

✝ 图 4.1 《哈桑·萨巴赫》（18 世纪画作），理想化肖像。

英里外的阿勒颇，建立了阿萨辛派在叙利亚的分支。

14世纪初，马可·波罗的描述使得欧洲人对于阿萨辛派的幻想更添奇幻色彩，传说，在阿拉穆特山中，隐藏着一座宏伟的封闭式花园，这个花园的一草一木都符合穆罕默德对天堂的描述，里面有各种各样的水果，金碧辉煌的亭台楼阁，精美的绘画和丝绸挂毯，葡萄酒、牛奶、蜂蜜和清水随处流淌；这个花园坚不可摧，戒备森严，高墙围绕，里面住着精通乐器、歌唱、舞蹈和服侍男人的美丽女子，能满足那些被选中进入的人的每一个愿望。

只有年轻的信徒可以走进这个花园，他们是经过精心挑选的、具有战斗力，并且忠诚于阿萨辛派的领袖"山中老人"的人。"他会先给他们服下药水，让他们进入深度睡眠。这些单纯的年轻人醒来后会发现自己置身于神奇的花园之中，他们会在这里享受一段声色犬马的极乐时光，直到再次喝了药水重新在城堡里醒来。当被带到老人面前，他们会和领袖讨论这次经历；然后老人会给其中一人指定一个暗杀目标，并向这个被选中的年轻人承诺，一旦他成功完成任务归来，将再一次进入花园，如果他在任务中死亡，老人将派遣天使去把这个年轻人的灵魂接往天堂。"[1]

虽然没有任何证据能够证明这个引人入胜的幻

✝ 图 4.2 《阿拉穆特的极乐花园》(14 世纪画作)。在这张稀有画作中，哈桑·萨巴赫先检查属下对魔法药水的管理，然后才允许阿萨辛派教徒（舍身者）进入花园。

想，但是"阿萨辛"这个词出现在了几乎所有中世纪的欧洲语言里，这个词被用来描述刺客——出于钱财或者政治目的受雇佣的杀手，欧洲大众文化认为"山中老人"的信徒品质忠诚，中世纪的民谣歌手向他们的爱人承诺自己会像阿萨辛对他神秘的首领那样忠心。渐渐地，对手段高明、诡诈的阿萨辛刺客的恐惧在欧洲君主的宫廷中蔓延开来，国王疑心敌人与"山中老人"结成杀人联盟，"山中老人"会派他的黑暗爪牙对付自己。

正是哈桑·萨巴赫早期对叙利亚伊斯玛仪教士下

达的命令带来了十字军东征期间欧洲人与阿萨辛派的早期接触。游吟诗人赞美他，国王畏惧他，神话中的"山中老人"，是叙利亚阿萨辛派的首领。

第一次有文献记录的阿萨辛派和十字军的接触发生在1106年9月。安条克亲王坦克雷德袭击了尼查里支在阿勒颇城外新获得的阿佩斯城堡。基督教徒打败了阿萨辛派，并要求该教派进贡，坦克雷德还强迫这

✝　图4.3 《刺杀尼扎姆·穆勒克》(14世纪画作)。尼扎姆是塞尔柱苏丹马利克沙的首席顾问。1092年，他被哈桑·萨巴赫派出的杀手布·塔希尔·阿拉尼杀死，此举解除了塞尔柱人对阿萨辛派阿拉穆特总部的围攻。

位叙利亚阿萨辛派首领为自己支付赎金。1110年，尼查里失去了第二片领土，他们将它也输给了坦克雷德。

　　尽管经历了上述败绩，叙利亚的阿萨辛派分支还是帮助穆斯林将十字军部队驱逐出各个据点，这是其他穆斯林领导人无法完成的壮举。1125年，在下一任阿萨辛分支首领巴赫拉姆的领导下，阿萨辛分支战士出兵援助穆斯林对法兰克人采取的军事行动。大马士革统治者图吉提金把叙利亚西部港口城市巴尼亚斯的前线要塞给予阿萨辛派，后者开始在此设防，并把这里当作他们的基地，向外派遣信徒以及在整个叙利亚展开军事行动。

✝　图4.4　《交战的穆斯林和基督徒》(14世纪画作)。十字军东征期间，双方的军队都相信他们的使命来自上帝的意志，但他们用不同的名字称呼其实是同一位上帝。

1128 年，图吉提金死后，大马士革掀起了一股反伊斯玛仪派的浪潮，六千多名伊斯玛仪教徒被屠杀，有传言说阿萨辛派和法兰克人结盟，背叛大马士革以换取提尔城。尽管事实并非如此，但巴赫拉姆的继任者阿贾米写信给耶路撒冷国王鲍德温二世，表示愿意放弃巴尼亚斯以换得安全庇护，逃离迫害他的逊尼派教徒。1130 年，流亡的阿贾米在法兰克人的庇护中死去。

1140 年，阿萨辛派攻占了叙利亚中部的迈斯亚夫要塞。1142 年，医院骑士团接收了骑士堡附近的城堡。1149 年，阿萨辛派与安条克公爵——普瓦捷的雷蒙合作，共同对抗土耳其赞吉部，这场战斗是失败的，雷蒙和阿萨辛派的头领阿尔夫·伊本·瓦法双双被杀。阿萨辛分支之所以选择与雷蒙结盟是因为他们认为雷蒙的力量足以对抗刚刚占领阿勒颇的赞吉。

1151 年发生的事可以很好地说明阿萨辛分支不断变动的结盟关系，这一年，阿萨辛派在叙利亚的马尼卡城堡与法兰克人交战，1152 年，他们暗杀了他们的第一个法兰克受害者——的黎波里伯爵雷蒙二世，这起令人震惊的谋杀引得圣殿骑士团对阿萨辛分支发起进攻，他们因此每年须向圣殿骑士团缴纳 2000 多金币的贡金。

在乌特雷默，各宗教间的敌对和联盟的变化并不仅限于阿萨辛派。塞尔柱王朝（代表阿巴斯王朝）、法蒂玛王朝和倭马亚王朝是三个相互竞争的伊斯兰国家，这些国家之间不断地进行着权力争斗，也都与阿萨辛派时不时发生冲突。对不熟悉圣地残酷外交现实的中世纪欧洲人来说，1139 年大马士革苏丹和耶路撒冷国王福尔克之间针对赞吉的同盟是难以理解的，圣殿骑士面对着一张阴谋交织的复杂大网，就是这张网，常常挑战他们建立骑士团时抱有的简单的理想主义，后来又反过来使他们难以摆脱叛国罪的指控。

在基督徒中，分裂也是一样的明显。十字军东征之前，拜占庭帝国与伊斯兰国家有着长期的经济往来，他们与伊斯兰国家之间的商业利益和联盟比那些由热切的东征十字军能够带来的好处更永久、更实际。此外，希腊人清楚，如果欧洲势力在圣地不受限制地发展，就会产生竞争，甚至超过自己原有的力量。

罗马和拜占庭基督徒之间的联盟在 1137 年破裂：第一次十字军东征期间，拜占庭皇帝和十字军之间曾经有过一项协议，如果法兰克人夺回了原先属于拜占庭却被穆斯林占领的土地，他们会把土地归还给拜占庭，作为交换，法兰克人会得到拜占庭皇帝的全力支持。安条克就是这样的领土之一，然而它自 1098 年以来一直留在法兰克人手中。1137年，皇帝约翰·科穆宁出兵包围了安条克，基督徒与基督徒打了起来。更糟糕的是，尽管是同盟，耶路撒冷国王福尔克拒绝帮助安条克亲王普瓦捷的雷蒙，于是安条克再次成为拜占庭的领土，雷蒙被迫向皇帝效忠。

1144年，围城四周之后，埃德萨伯国成了赞吉的囊中之物，这种进展激发了穆斯林的热情和自信，也让欧洲人感受到了绝望和愤怒的情绪。这是自第一次十字军东征取得胜利50年后，基督教首次遭遇巨大挫败，1145年2月就任的教皇尤金三世当即呼吁再发起一次新的十字军东征，他选择法兰西国王路易七世作为这次任务的指挥者。圣伯尔纳铎充满激情地投入对第二次十字军东征的布道中，1146年，他从法国开始，周游欧洲，巡回布道，每到一处便呼吁人们采取行动。这次十字军东征是规模最大的一次，包括法兰西、德意志、英格兰和意大利的军队都参加了，这些军队还对留在西班牙的摩尔人和德国的文德人采取了军事行动。

1147年，路易七世、圣伯尔纳铎和教皇尤金三世，在300多名圣殿骑士和4名大主教的陪同下，聚集在巴黎一处圣殿骑士团分会，他们宣布第二次十字军东征开始。人们向路易七世献上金旗——这是一面以鲜

✝ 图 4.5 《圣伯尔纳铎和路易七世一起布道动员第二次十字军东征》（局部细节，15 世纪画作）。

艳的红色为底色的旗帜，上面饰有金色的火焰，安装在一柄金色的长矛上。尤金三世恩准圣殿骑士拥有在左胸和肩上佩戴红十字的专有权利，从此他们象征纯洁的白袍又增添了表示殉道的红色徽章 [2]。

圣殿骑士团法国团长埃弗拉德·德·巴雷斯作为三位大使之一，成功完成了与拜占庭皇帝谈判的外交使命，为法国军队协商出一条和平的通路。他还与路易七世一同参加秘密会议，安排十字军的必需品。在从君士坦丁堡穿越小亚细亚到达安条克的艰苦旅程中，圣殿骑士奋勇作战，表现得极为令人钦佩。长途行军中，他们作为战士的声誉再次得到人们的肯定，并且为欧洲军队树立了忠诚和勇气的道德榜样。东征的法国军队是一支杂牌军，由忠于各个贵族的士兵组成，这些贵族经常互相为敌；国王康拉德三世领导的德国军队更加混乱；联军缺乏共同语言，更不用说整体上的协调力和凝聚力了，这一切都与圣殿骑士因《圣殿骑士团教规》的教导而形成的铁律构成了鲜明对比。最终，路易七世让圣殿骑士团负责指挥所有的军队。1148年，每个士兵都发下誓言，遵守圣殿骑士的指示。

在第二次十字军东征期间，圣殿骑士团向路易七世发放了一笔历史性的贷款。在前往安条克的途中，国王花在补给和船运上的钱比预期的要多得多，当法国军队于1148年3月抵达目的地时，路易七世急需一笔只有回了法国才能偿还的资金，圣殿骑士帮助了他。从此，圣殿骑士团成为欧洲在圣地进行的任何计划或战役的参与者。

1148年6月，圣殿骑士团与医院骑士团、国王鲍德温、耶路撒冷大主教、国王路易七世和康拉德三世、凯撒里亚和拿撒勒两地的大主教以及其他当地贵族和

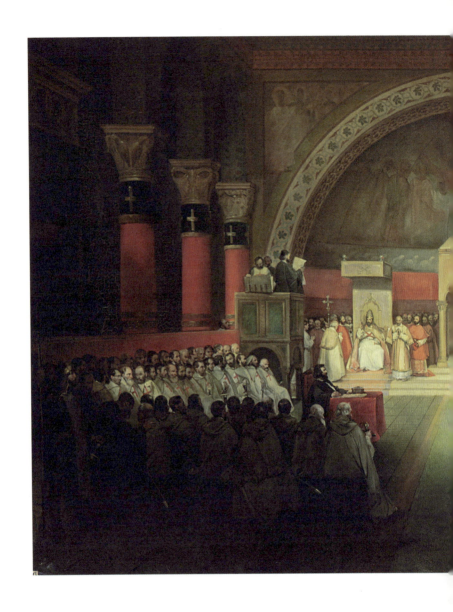

✝ 图 4.6 《1147 年 4 月 22 日在巴黎圣殿骑士团举行的会议》
（19 世纪画作）。这次会议标志着第二次十字军东征的正
式开始。

图 4.7 《1148 年法王路易七世和德王康拉德合围大马士革》（13 世纪画作）。这次围城没有取得成功，随之而来的是互相埋怨和指责。

教会官员在阿卡附近汇集，众人决定进攻大马士革。一支 5 万人的基督徒部队围攻这座城市，但未能取得胜利，一系列的战术失误使这支大军在 5 天内土崩瓦解，对各位领军者叛国、收受贿赂和背信弃义的谣言和指控层出不穷：这股火烧到欧洲国王们的脚下，指责他们出于野心和愚蠢选择攻击友好的大马士革人；巴勒斯坦的领主们被指控因为嫉妒欧洲国王们最初取得的胜利，再不然就是接受了大马士革的贿赂，犯下了叛国罪；圣殿骑士团无法置身事外，他们被指控因为收受了敌人的贿赂，而故意把军队引入失败的境地。

第二次十字军东征惨败，人们对拜占庭人怨声载道，后者背信弃义，与土耳其结盟，使欧洲军队在从陆路向安条克进军中损失了大批军力。路易七世离开巴勒斯坦，号召发动一场针对拜占庭的十字军东征；圣伯尔纳铎对第二次十字军东征的失败感到非常失望，也支持对拜占庭发动征伐；接替罗伯特一世·德·克拉恩成为大团长的埃弗拉德·德·巴雷斯陪同路易七世回法国，给新的十字军东征出谋划策；基督徒准备向基督徒宣战。

然而在乌特雷默的基督教兄弟们面临着危险的新局面。1146 年，正当他的军队围攻大马士革之时，赞吉死了。他的儿子和继承人努尔丁在安条克附近的一场战斗中击败了法兰克人的军队并杀死了安条克亲王雷蒙。圣殿骑士团想要帮助驱兵前往战场与努尔丁战斗的鲍德温三世，但是骑士团大部分军力都被伊斯兰军队剿灭，圣殿骑士团司铎长安德烈·德·蒙塔巴德写信给埃弗拉德，恳求他提醒欧洲应对事态发展的严重性有所警惕后就回来。1152 年埃弗拉德回来了，但他很快辞去大团长的职务，追随圣伯尔纳铎在明谷成了一名教士。

圣殿骑士成功占领了阿斯卡隆以南 10 英里的加沙地带的一个军事基地，自第一次十字军东征以来，位

✝ 图 4.8 　阿斯卡隆城堡的废墟（史蒂芬·布鲁克摄）。几千年
　　来，这个地中海要塞一直是埃及、巴勒斯坦和美索不达米亚
　　之间的贸易通道和战略门户。

于阿斯卡隆的法蒂玛王朝要塞一直是耶路撒冷王国的
威胁。圣殿骑士模仿穆斯林的战术，从加沙对阿斯卡
隆发动了多次迅速出击，他们这一战略的成功极大改
变了圣地南部地区的力量平衡。

　　然而，阿斯卡隆之战后来成为对圣殿骑士团贪婪
行为最严厉的指控之一。1153 年 1 月，耶路撒冷王国
的军队对该城进行了长时间的围困。8 月 15 日，圣殿
骑士团营地附近的城墙上出现了一个缺口，根据报告，
大团长伯纳德·德·托米莱拒绝让任何一支军队进入
这个缺口，这样圣殿就可以独自收割第一批胜利的果
实。这种纯属贪婪的行为导致大团长和他的 39 名骑士

一起丧了命。穆斯林很快封锁了缺口，第二天早上，40 名圣殿骑士的尸体被挂在城堡上，他们的头颅作为战利品被送到开罗的哈里发那里。阿斯卡隆在一周后被攻了下来，但圣殿骑士团没有分享到任何胜利的荣誉，也不得染指丰富的战利品。

1153 年 8 月 20 日，圣伯尔纳铎去世，教皇尤金三世也于同年去世。安德烈·德·蒙塔巴德成为圣殿骑士团第五任大团长。1154 年，努尔丁实现了他父亲的梦想，占领了大马士革。十字军东征拜占庭的想法

图 4.9 《努尔丁》（保罗·基什内尔绘）。身为赞吉的儿子，这位穆斯林将军继承了他父亲过人的谋略和勇气。

由此陷入搁置状态。

发生在那个年代的另一个有趣的故事进一步揭示了圣殿骑士的复杂性和关于他们的争议。1153 年到 1154 年，在开罗的权力斗争中哈里发被谋杀，有权有势的首相策划了这起谋杀案，计划将自己的儿子送上王位。然而，政变失败了，父亲和儿子被迫带着大量财宝逃走，他们在阿斯卡隆附近被圣殿骑士团俘虏，父亲被杀，儿子被监禁，他们的财宝被没收。尽管首相之子声称愿意皈依基督教，圣殿骑士们还是把这个年轻人卖给了埃及人，埃及人立即把他杀了。尚不清楚圣殿骑士的行为是出于贪婪、对敌人的不信任，还是出于合法增加财富的愿望，以便能够以信仰之名更有效地战斗。下文将讨论 1172 年发生的类似事件，涉及阿萨辛派皈依基督教的可疑意愿。

✠ 图 4.10 《撒拉逊人受洗》（14 世纪画作）。相较令敌人皈依基督教，圣殿骑士对杀死他们更感兴趣。

✝

第五章

萨拉丁的崛起

CHAPTER

5

12世纪中叶，法兰克人之间出现了一股新的重要趋势，世俗领主开始向军事团体捐赠城堡，并依靠骑士团来保卫包含在这些赠予中的领土。这些领主意识到，要养一支军队需要的物资和费用实在太高了，把多余的财产捐献给骑士团，让他们承担护卫任务更方便合适。据估计，到1187年哈丁战役时期，圣殿骑士团和医院骑士团控制了乌特雷默35%的领地[1]，骑士团逐渐成为影响该地区政治平衡的独立因素——有时候这些军事力量间互有龃龉，有时他们又与别的领主发生矛盾，基督徒之间的政治分裂和竞争日益加剧。

1162年，耶路撒冷的王位传给了阿马利克，和他的对手努尔丁一样，他也意识到埃及的战略重要性，如果埃及落入伊斯兰教徒手中，欧洲人会被完全包围，如果它在法兰克人手里，穆斯林将永远陷入分裂。1164年，阿马利克向埃及的法蒂玛王朝发动攻击;

✝ 图 5.1 查斯蒂尔布兰科，即白堡，也就是叙利亚萨菲塔城堡（大卫·尼科尔摄）。这座颇具战略意义的城堡位于托尔托萨附近的的黎波里公国，从 12 世纪上半叶开始一直属于圣殿骑士团，直到 1271 年被拜伯尔斯占领。

1167 年又进攻了一次，努尔丁均派他的库尔德将军谢尔库驰援埃及。虽然阿马利克两次都被击退，但他最终在第二次战役与向谢尔库求助的法蒂玛王朝签订了互惠条约。1168 年，阿马利克违反条约，提议对埃及发动第三次进攻，此时圣殿骑士团拒绝支持他，他们声称国王自食其言，是不光彩的行为。阿马利克在没有圣殿骑士帮助的情况下继续进军，最终被穆斯林打败。

圣殿骑士团的敌人声称，骑士团违反了他们保卫耶路撒冷王国的使命。然而，即使是骑士团当时最严厉的批评者之一，提尔的威廉[1]也认为他们在这件事上的行动是恰当的。可能是出于实际的考虑影响了骑士团的决定，灾难性的第二次十字军东征造成了令人难以置信的财政消耗，圣殿骑士的资源因为努力保护北方堡垒领地免受努尔丁侵袭而捉襟见肘。与此同时，医院骑士团正在发生严重的金融危机，他们希望对埃及的征战能够缓解这场危机，然而结果恰恰相反，他们的处境恶化到了团长不得不狼狈辞职的地步。圣殿骑士团拒绝出兵的另一个动机可能是对阿马利克的旧怨一直令他们难以释怀。1166年，一个小要塞向谢尔库投降，阿马利克赶去增援，但是去得太迟了，盛怒之下，他断定是圣殿骑士团没有进行足够的抵抗，于是下令绞死了12名骑士团成员。

谢尔库是穆斯林传奇领袖萨拉丁的叔叔。人们把萨拉丁称为"信仰之正义"，有朝一日，他会担负起统一穆斯林各部的光辉使命。1138年，萨拉丁生于叙利亚的贝鲁特东部，1193年死于大马士革。萨拉丁的父亲阿尤布在赞吉在位时期出任贝鲁特东北部的巴贝克总督，在努尔丁当政时担任大马士革总督。萨拉丁

---

[1] 耶路撒冷拉丁大主教，史学家。

✝ 图 5.2 《萨拉丁》(12 世纪画作)。萨拉丁 (1138—1193)
是自先知穆罕默德本人以来最伟大的穆斯林统一倡导者，无
论是朋友和敌人，都视他为骑士精神的化身。

按照一个年轻贵族应有的样子长大，他学习《古兰经》、
阿拉伯诗歌和哲学，精于打猎、骑马、下棋和打马球，
他的军事能力是在随同叔父谢尔库一同征战时培养起
来的。在 1167 年对抗阿马利克的战役中，萨拉丁第一
次拥有了指挥权，他设法顶住了基督教军队长达 75 天
的围攻。1171 年，他从埃及向阿马利克发起了进攻。

1169 年，谢尔库在开罗出任法蒂玛王朝哈里发阿
迪德的苏丹之职。谢尔库死后，萨拉丁继承了叔父的
位置，不到两年，他就推翻了这个王朝的哈里发，成

为埃及的统治者。随着萨拉丁重返埃及，伊斯玛仪延续了 250 年的埃及国教地位也戛然而止。1174 年，努尔丁去世后，萨拉丁加冕成为阿尤布王朝的第一位国王，他相信自己注定要成为反抗欧洲异教徒的圣战领袖。萨拉丁是一个朴素的人，死时的财产甚至不够支付自己葬礼的费用，然而他击溃了异教徒，在大马士革的萨拉丁墓地至今仍是穆斯林的朝圣之地。无论是朋友还是敌人，他们都认为萨拉丁是一个拥有普世美德的人，他公正、勇敢、公平、忠诚、虔诚。在他的一生中，只要立下了约定，就从未反悔过。

萨拉丁与叙利亚阿萨辛派刺客首领拉希德丁·锡南之间的敌对关系非常特别。锡南是"山中老人"中最经典的一位，1162—1192 年在位。其时十字军急速入侵，萨拉丁登上埃及王位，叙利亚阿萨辛分支的处境因此岌岌可危。萨拉丁的梦想是建立一个用最纯粹的宗教原则统治的伊斯兰社会，他和努尔丁都认为信奉基督的法兰克人是他们最危险的敌人，但也把信奉什叶派教义的阿萨辛分支视为危险的异教徒。

因此，锡南面临着一个复杂的局面，身为穆斯林，从大局上来讲，与十字军应该处于战争状态，但他需要与他们建立良好的关系。在他掌权的时候，阿萨辛派已经在向圣殿骑士团朝贡了。1173 年，他派遣使者

✛　图 5.3　《拉希德丁·锡南》(保罗·基什内尔绘)。1162—
1192 年，锡南担任叙利亚阿萨辛派首领，他是一个有魅力的、
有权势的领导人、政治家、神秘主义者、战士和精于暗杀的人；
他的敌人惧怕这位"山中老人"——在他的号令之下，敌人
们纷纷在阿萨辛派匕首的恐吓下保持中立。虽然如此，锡南
仍然成为尼查里－伊斯玛仪历史上最受崇拜的人物之一。

拜见耶路撒冷国王阿马利克一世，提议双方结成同盟共同对抗萨拉丁，唯一的条件是，阿马利克免除阿萨辛派每年须向圣殿骑士缴纳的2000金币贡金，这笔钱他们已经付了20年。阿马利克一世向圣殿骑士们承诺，他将弥补他们可能遭受的任何经济损失，并派阿萨辛使者带着他的旨意回到锡南那里去。在返回途中，这位使者被一位名叫沃尔特·德·梅斯尼的圣殿骑士杀害。最近升职成为圣殿骑士团大团长的是脾气暴躁的奥多·德·阿曼德。不清楚是不是奥多命令沃尔特杀了使者，但他确实支持沃尔特。阿马利克要求把沃尔特交给自己审判，遭到奥多的拒绝，后者还使用了教皇英诺森二世在教皇训谕《各样美善的恩赐》中赋予骑士团的特权。阿马利克被激怒了，他冲进沃尔特住的房子，逮捕了他，并把他扔进了监狱，沃尔特此后再没有在历史记录中出现过。与阿萨辛派结盟的机会失去了。1174年，阿马利克去世。他死后，进一步讨论这种情况的可能性也消失了。

那个时代的历史学家，提尔的大主教威廉曾写道，锡南通过他的使节传达了阿萨辛派愿意为促进共同联盟而皈依基督教的意愿。现代的伊斯玛仪派学者认为这是对锡南提议的严重曲解，他们声称锡南复杂的宗教利益和他开明的视野自然会促使他想要更多了解潜在盟友的宗教教条[2]。

接下来，锡南在 1175 年和 1176 年再次试图暗杀萨拉丁，但都没有成功。1176 年 8 月，萨拉丁率军围攻了位于迈斯亚夫的阿萨辛派总部所在地，然后又在没有任何预兆的情况下，结束了围攻，撤军离开。对此，人们做出各种各样的解释，也包括下文来自锡南传记作者的描述：一天，锡南的一个信使来见萨拉丁。他说，他要告诉萨拉丁的是私人信息，只能在没有人的时候传达。于是萨拉丁下令让庭院里的守卫一个接一个地退下了，最后他的身边只留了两个马穆鲁克侍从。锡南的信使问萨拉丁，为什么他不命令马穆鲁克人也一起退下，这样信使就可以秘密地传达他带来的消息。撒拉丁回答说："我视这两个人为自己的儿子，他们和我是一体的。"信使转身对那两个马穆鲁克侍从说："如果我以我主人的名义命令你们杀死这位苏丹，你们会听令吗？"两个马穆鲁克侍从一齐拔剑，异口同声地回答："随您号令。"[3]似乎从此之后，两位领导人便结下同盟，历史的记载中，萨拉丁和锡南之间再也没有发生过冲突。

在叙利亚阿萨辛支派中，锡南是近乎神话般存在的宗教形象：他没有保镖保护，完全依靠个人的人格力量来统治；从一个要塞到另一个要塞，他既不会永远住在同一个地方，也不会有固定的官僚班底。因为他频繁变动居所，伊斯玛仪堡垒网络的每一个点自始至终都既紧密联系又时时警戒。提尔的威廉曾记载，在锡南统治时期，估计有大约 6 万名阿萨辛派成员追随着他们的首领。另一位历史学家形容锡南是一位温和慈爱的统治者。

萨拉丁的胜利使圣殿骑士承受了越来越多的批评。1160 年，教皇亚历山大三世，一位圣殿骑士团的强有力的支持者，发布了一则训谕，禁止人们诋毁高高在上的圣殿骑士，这显然是对反圣殿骑士情绪的回应。阿马利克国王打算向其他基督教领袖表达他对这个骑士团日益增长的权力和傲慢的担心；然而，他的死阻止了这一切。1175 年，教皇亚历山大三世批评骑士团在圣殿骑士团的公墓埋葬已经被教会开除的人。1179 年，第三届拉特兰会议谴责圣殿骑士滥用前几任教皇授予他们的特权，教会领袖要求骑士团归还所有近期获得的教堂和什一税，后来定为议会成立十年内归还。尽管这些要求从未得到满足，但已经表明了人们对圣殿骑士团的态度出现转变。

1174 年，萨拉丁围攻大马士革，但在法兰克人的帮助下，这座城市得以解救。然而，没有什么能够阻止他成为穆斯林世界的领袖。1177 年，他率领 2.6 万人的军队占领了阿斯卡隆，在这里，圣殿骑士团和鲍德温四世的联军在蒙吉萨给萨拉丁带来了最屈辱的失败。然而，不久之后，他就有了复仇的机会，1180年，他占领了位于雅各布福特附近的勒查斯特莱城堡，这座城堡前一年刚刚竣工，用来封锁萨拉丁的主要军事通道。萨拉丁对城堡的第一次进攻失败了，但是在泉水谷他击败了集结起来反对他的基督徒军队。圣殿骑士团大团长阿曼德被俘，并于1181年死在了大马士革的一个地牢里。萨拉丁派工兵在勒查斯特莱城堡外墙下面挖掘，以此削弱城堡的地基。当城墙倒塌之后，穆斯林军队发起进攻，圣殿骑士团在这场战斗中损失了80名骑士和750名军士，萨拉丁抓了700名俘虏，把城堡拆了个精光。

年轻的叙利亚国王在1182年去世，萨拉丁最终得以登上大马士革的王座，从此，他消除了分裂逊尼派势力的最后一个因素，并获得了"伊斯兰和穆斯林的苏丹"的称号。现在，十字军面对的是一个团结的敌人，由唯一的领导人指挥，这个敌人唯一的目的就是以安拉的名义消灭他们。

十字军的不团结正中萨拉丁的下怀，有一次，当他率军入侵的黎波里时，圣殿骑士团占领着这一地区的一座城堡，而医院骑士团则占领着另一座，这两个

✝ 图 5.4 《萨拉丁的军队》(14 世纪画作)。这些勇猛的战士使十字军遭受了面对所有穆斯林军队以来最惨重的战败，直到一个世纪后，十字军又与可怕的拜伯尔斯和他的马穆鲁克军队进行了最后对抗。

骑士团最近刚刚解决彼此之间关于领土的争端，每一方都非常在意对自己财产的保护，以致当萨拉丁的军队经过时，骑士留在自己的城堡里闭门不出。的黎波里的伯爵雷蒙不愿意与萨拉丁孤军奋战，因此，尽管有三支不同的基督教军队紧挨在一起，萨拉丁的军队却能够毫发无损地穿过这个地区，放火烧掉庄稼，偷走牲畜，屠杀普通百姓。

1184 年倒是发生了一件令人同情的事件，略微显示了法兰克人的团结。当时圣殿骑士团和医院骑士团的大团长陪同耶路撒冷牧首前往意大利、法国和英国，警告欧洲正视危险的萨拉丁，并请求经济和军事援助。

然而，耶路撒冷王位的继承问题成为新的危机，即将使乌特雷默陷入更糟糕的党派之争，几近引发内

✝ 图5.5 《圣殿骑士团和医院骑士团总团长侍奉列那狐》(13世纪画作)。1289年出版的讽刺小说《列那狐的故事》中的这张插图似乎隐含了更加险恶的暗示：骑士团每经历一次新的失败，声誉就多受损一分；每多得一项新的特权，受到的敌意就会增加一点。到1307年，法国国王已经可以指控圣殿骑士团与魔鬼结盟，从而粉碎了这些曾经伟大的、原本为捍卫基督教信仰而存在的战士。

战。国王鲍德温四世应该是患有麻风病，随着身体变得越来越虚弱，他任命自己的姐夫——吕西昂的居伊统治王国、指挥军队，居伊的权威得到了圣殿骑士团和他们的新大团长杰勒德·德·罗德福特的支持，还有其他十字军战士的支持；另一派阵营支持鲍德温的表兄，伯爵雷蒙三世。1185 年，鲍德温四世去世，享年 24 岁，他的外甥是他的继承人，成为鲍德温五世，雷蒙被选为鲍德温五世的摄政王。然而，鲍德温五世这位少年国王 10 岁时就去世了，居伊立即夺取了王位，自立为耶路撒冷的新国王。

萨拉丁利用基督教内部错综复杂的矛盾取得了己方外交和军事上的优势。例如，1185 年，拜占庭皇帝与萨拉丁签订了一份条约，皇帝在条约中承诺不向欧洲人提供援助。伯爵雷蒙三世对罗德福特怀有长期的个人仇恨，因为后者试图说服已经成为国王的居伊攻击雷蒙以此迫使他承认居伊王位的正统性。作为报复，雷蒙在 1187 年与萨拉丁也签订了一份条约，其中，萨拉丁承诺要让雷蒙成为"所有法兰克人的王"[4]，虽然这可以合理地被视为叛国，至少国王居伊是这样认为的，但雷蒙并没有掩饰自己行为的意图。

居伊派了一个任务给雷蒙，试图征召他参加联合行动，对付萨拉丁即将到来的攻击。罗德福特，居伊的大使之一，原本的打算是对雷蒙发动军事攻击，但是这个团体的其他成员劝服居伊不要这么做。当他们准备去见雷蒙时，发生了一件事，很快就导致了悲剧的发生。遵照与萨拉丁签订的条约，雷蒙准许由7000名士兵组成、由萨拉丁之子阿夫达尔率领的穆斯林侦察部队安全通过他的领土，这份许可长达24小时，周围的村庄事先收到警报，告知居民待在自己的住所内，以确保安全。

当居伊的代表团抵达的黎波里时，罗德福特听说了穆斯林的侦察任务，他决心攻击阿夫达尔率领的军队。尽管这支基督教联军只有140名骑士，其中包括90名圣殿骑士，他还是做了出兵打算。其他领导人对这种鲁莽和仓促的计划反对得越强烈，罗德福特的决心反而越坚定。争辩中他占了上风，其余人同意出兵，1187年5月1日，圣殿骑士团失去了87名骑士，其中包括圣殿骑士团最重要的第三号人物——军士长，罗德福特本人逃跑了，但受了重伤，医院骑士团团长被杀。罗德福特的态度与圣伯尔纳铎在《对新骑士精神的赞美》中对圣殿骑士勇气的狂热赞美并不矛盾："他们冲进去攻击敌人，将那些人看成是绵羊。不管对方人数有多么多，他们也不会觉得那一群不开化的蛮族有什么可怕，不是说他们对自己的能力自信

满满，他们相信的是万军之主——上帝会带领他们走向胜利。我们已经看到在紧追不舍之下，他们能以一敌千，以二敌万。"⁵

这场灾难进一步加剧了罗德福特和雷蒙之间的仇恨。另一方面，雷蒙自愿屈服于居伊，他承认自己与萨拉丁的条约带来了灾难性后果。穆斯林为他们的血腥胜利所鼓舞，准备对耶路撒冷王国进行全面进攻。

仅仅一个月后，具有决定性意义的哈丁战役打响了。哈丁平原位于耶路撒冷以北约 65 英里，阿卡以东约 20 英里。萨拉丁集结了一支 1.2 万名骑兵组成的军队来对抗居伊的 1200 名骑士和大约 1.5 万名步兵和轻骑兵。雷蒙和杰勒德之间的仇恨再一次给基督徒带来

✝ 图 5.6　哈丁角。正是在这片战场上，西方人遭受了由萨拉丁领导的穆斯林军队带来的最惨重的一次失败。

✝ 图 5.7 《哈丁之战》（13 世纪画作）。马修·帕里斯在他的
《大编年史》中记述了这场战役。

了灾难。

　　尽管有雷蒙的反对，罗德福特还是说服了居伊攻
击萨拉丁。是时，尽管妻子被困在太巴列，为保卫他
们的城堡而战，雷蒙仍坚持己方军队应该留在原地，
时值盛夏，坐等萨拉丁大军的到来，可以以逸待劳。
当时在场的大多数人都认同雷蒙的意见。然而，罗德
福特却强烈反对这种观点，他说雷蒙是个叛徒，几周
前还不愿意破坏与萨拉丁的条约，他还嘲笑雷蒙坐视
妻子身处困境的态度，是个懦夫。他声称，要是圣殿
骑士不能把他们最近在萨拉丁处遭受的败绩扳回来，

他们就会被人逼着脱下那身白色长袍，因为耻辱而失去他们原本拥有的东西。居伊站在罗德福特一边。

　　基督教军队因此离开了他们的营地，一块水草丰茂的草场，向凶险的沙漠进军；萨拉丁的军队在哈丁角附近的另一片草地上扎营。1187年7月4日，基督教的军队被消灭了。虽然圣殿骑士奋不顾身地作战，但萨拉丁充分利用了法兰克人的战术劣势，被杀的人成千上万，被俘虏的也有好几千；穆斯林还得到了基督徒的皇家帐篷和十字架。两百多名幸存的圣殿骑士

✝　图5.8　《哈丁之战》(15世纪画作)。中世纪艺术家的画笔表现出了哈丁之战的巨大规模。

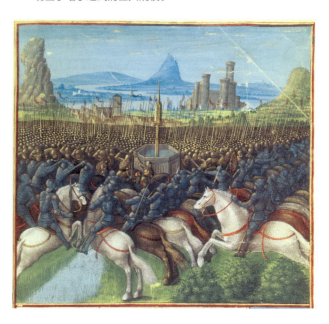

和医院骑士被斩首。赎回俘虏本是中世纪的惯例，但萨拉丁认为骑士生性好战，对伊斯兰教颇具威胁，所以对骑士团的成员特殊对待。因此有 230 名圣殿骑士在哈丁一役中阵亡，有的死于战斗，有的死于斩首。罗德福特活了下来，但是他和居伊国王以及一群等待赎回的贵族被关在一起。

整个巴勒斯坦地区都因为基督教准备哈丁战役而进行的总动员而处于不设防的状态；没有哪支部队留在原地保卫他们的领地。在两个月内，萨拉丁占领了阿卡、纳布卢斯、雅法、托伦、西顿、贝鲁特和阿斯卡隆。在对耶路撒冷进行了为期 12 天的围城后，耶路撒冷于 1187 年 10 月 2 日落入穆斯林军队手中。萨拉丁当即下令清除城中遗留的为穆斯林所憎的基督教痕迹。在他的命令下，巨大的十字架从圆顶清真寺上被取了下来，在街上游行了两天，一边游行一边被棍棒敲打着；之后穆斯林用玫瑰水净化清真寺并使其恢复原始状态。出乎意料的是，萨拉丁释放了 2 万名在围城中幸存下来的基督教平民，展示出传奇般的骑士品质。有 7000 人被武装骑士团的钱财赎了出来，其余的免费释放；本地的基督徒可以留在城中；10 个医院骑士团成员被获准在骑士团原有的房子里留一年，他们在那里治病救人。

✛ 图 5.9　耶路撒冷圣安娜教堂（斯蒂芬·布鲁克摄）。早在 3 世纪，这座教堂就因为是圣母玛利亚的出生地而闻名。614 年，教堂被波斯人捣毁，1140 年由十字军重建。1192 年，萨拉丁把这里改建成穆斯林宗教学校。今天，这里是一所基督教修道院。

第二年，萨拉丁仍在继续着他的胜利。在为期两年的征战中，他重新夺回了圣地；武装骑士团被他的军队碾压；剩余的基督教领土被压缩到地中海沿岸地区，只剩下提尔城、的黎波里、波弗特海滨的一座城堡以及其他几处四散分布的城堡。萨拉丁准许安条克公国的前任统治者波希蒙德保留对安条克城和一座城堡的所有权。

✚ 图 6.1 十字军传奇，狮心王理查一世的石棺。

✝

第六章

第三次十字军东征
和狮心王理查

CHAPTER

6

哈丁之战的失败和随后领土接二连三的丧失，对进入 12 世纪最后十年的法兰克人来说，是一段刻骨铭心的经历。身处巴勒斯坦的圣殿骑士遍体鳞伤，身心俱疲——他们的大团长被关在萨拉丁的监狱里；圣殿骑士团的人数大幅减少；骑士不再享有尊重，再也没有了原来的骄傲。

　　在欧洲，教皇格列高利八世派遣使者，向欧洲所有的国王争取第三次十字军东征，他的要求得到了热烈响应。第一个做出回应的是神圣罗马帝国的皇帝腓特烈一世——巴巴罗萨（红胡子）。1189 年，巴巴罗萨率领 10 万人的军队离开欧洲，在旅途中，他们经历了一个又一个的困难，直到巴巴罗萨在亚美尼亚被淹死，这支军队就此土崩瓦解。这时，法国国王腓力二世——菲利普·奥古斯都和英国国王理查一世还在为出兵做准备。

1189 年夏，一群欧洲贵族来到圣地，许多人躲在提尔城内，互相争吵。人们分成两派，一派包括圣殿骑士，忠于国王居伊，另一派则支持居伊的对手——新来此处的蒙费拉的康拉德；此时，居伊的权力基础已经因为他被俘虏过，还有偏听偏信杰勒德·德·罗德福特的错误判断而削弱了。1188 年 7 月，人们把居伊从萨拉丁的监狱里赎了出来。就在这一年，康拉德——一位势力强大的德国侯爵来到乌特雷默，要在此履行他的东征誓言。康拉德到来的时机十分巧妙，其人又极有军事才能，曾使提尔城免遭穆斯林的征伐，因此这个城市的大多数领主都支持康拉德当他们的领袖。康拉德娶了阿马利克的小女儿伊莎贝尔为妻，从而给自己确立了对耶路撒冷王位的合法继承权。

与康拉德的冲突导致居伊和支持他的圣殿骑士决定进攻处于穆斯林控制下的城市阿卡，这样，居伊可以有一块完全由自己掌控的领土。1189 年 8 月，他们开始围攻阿卡，萨拉丁赶来保卫。法兰克人的进攻没有成功，数千人伤亡，其中就有罗德福特。不久之前，他下令圣殿骑士从在加沙的城堡撤出，以此赎回自己。在许多人的心目中，为了挽回罗德福特的生命而失去从埃及到巴勒斯坦的出入口，乃是战略上付出的过于高昂的代价。

尽管战斗失败，基督徒军队的主力仍然能够继续对阿卡实行围攻，之后他们在那里停留了两年。此时英格兰国王理查一世已经离开了英国，而法国国王腓力二世则从法国启航。他们循着不同的路径向着阿卡而来。理查一世在前来的途中袭击了塞浦路斯并且占领了这座岛屿。之后，他继续行进，在1191年6月8日到达阿卡，这时腓力二世也刚到。1191年7月12日，两位君主发兵协助久攻不下的当地军队拿下了这座城市。在决战时，理查一世下令把穆斯林战俘全部处死，就在萨拉丁面前，杀了2700名俘虏，理查一世为什么要采取这种异乎寻常的暴行？这个问题的答案时至今日仍然是个谜。

腓力二世对十字军东征毫无兴趣，在阿卡战役胜利后不到三周，他就动身回欧洲了。理查一世留了下来，后来，他在圣地的活动对圣殿骑士团逐渐重建他们的声誉和形象很有帮助。理查一世决定出售塞浦路斯，并向他的朋友罗伯特二世·德·塞布尔——圣殿骑士团新任大团长开出了不错的条件。日后的事实证明，拥有这座岛屿对圣殿骑士来说不是一件幸事，他们不得不镇压由于虐待居民而引起的武装叛乱，不到一年，这座岛屿再次被他们卖掉。

1191年9月，在圣殿骑士团的战术指导下，理查

✝ 图 6.2　1191 年，英格兰国王理查一世和法国国王腓力二世——菲利普·奥古斯都进入阿卡。

✝ 图 6.3 《1191 年攻下阿卡》（14 世纪前后画作）。战败的穆斯林守军举起双手，祈求十字军的征服者饶命。

极其出色地在阿苏夫击败了萨拉丁。经此一役，理查同时向基督徒和穆斯林表明，萨拉丁并非不可战胜。这场战斗之后不久，理查试图与萨拉丁缔结条约，他向萨拉丁提议，要把自己的妹妹嫁给萨拉丁的兄弟阿迪勒；理查还向萨拉丁建议，他们共同治理耶路撒冷，只要萨拉丁归还从骑士团夺走的一些产业。萨拉丁拒绝了。理查花了一年的时间，率军与萨拉丁进行激烈

✛ 图6.4 《理查一世和萨拉丁》（14世纪画作）。14世纪手抄本《勒特雷尔圣诗集》中，理查一世和萨拉丁被描绘成两个巨人，正在交锋。

战斗，尽管耶路撒冷就在眼前，理查的军队还是没有收复这座城市，他被英明的圣殿骑士、医院骑士和当地贵族们说服——占领这座地理位置上孤悬于穆斯林势力包围中的城市是徒劳的。理查明白，一旦他带着自己的军队返回欧洲，耶路撒冷将无法自卫。相较于此，法兰克人决定重建阿斯卡隆，用这个城市作为阻止萨拉丁军队从埃及自由通行的屏障，会有助于弥补加沙的损失。

与此同时，理查不断收到从英国定期传来的报告，他的兄弟约翰背信弃义，企图利用他不在国内的时机阴谋夺取王位，理查被迫为归国做准备。因此，他深度介入了乌特雷默的政治活动。

一些历史学家认为，理查可能是在1192年与阿萨辛派合谋定计，要杀死蒙费拉的康拉德。两个阿萨辛派刺客伪装成基督教教士完成了这个计划。其他人则认为，可能是出于萨拉丁的要求，锡南下令杀死康拉德。然而，最简单的解释也许是阿萨辛派和法兰克人之间在过去的几年里出现了一些龃龉，康拉德新近没收了一艘阿萨辛派的货船，劫走了上面的货物，杀死了船上的船员，这些本身就足以成为锡南复仇的动机。

在康拉德死后的数日内，理查就安排香槟伯爵亨利——理查的侄子，与康拉德的遗孀伊莎贝拉结婚，亨利从此取代居伊·德·吕西尼昂，成为耶路撒冷的国王。由于亨利同时也是腓力二世的侄子，所以他是激励欧洲人继续为乌特雷默拼杀的理想人选。

康拉德的死帮助了理查，他与萨拉丁达成了停战协议，他们在1192年9月签订了一份为期五年的和平条约。这份条约中，雅法以南的城市归还给基督徒控制，此外还为前往耶路撒冷的朝圣者开放了一条安全通道。在萨拉丁的要求下，阿萨辛派也在条约中有所涉及。圣殿骑士团将塞浦路斯出售给了居伊·德·吕西尼昂，后者得以就此离开耶路撒冷地区，骑士团也从此不用再关心塞浦路斯这份棘手的地产。1192年10月，理查化装成圣殿骑士返回英格兰，他开始了一段为期两年的艰苦而危险四伏的旅程，在这两年里，他被德意志皇帝亨利六世俘虏监禁，不得不支付赎金才再次回到英国。

萨拉丁死于 1193 年，这对十字军来说是一件特别令人高兴的事情。尽管萨拉丁期望他的阿尤布王朝能够指引穆斯林前进，但是伊斯兰世界再次分裂。乌特雷默生存了下来，踏入新的世纪。多亏有理查的条约，当穆斯林和欧洲的注意力都集中在他处时，法兰克人得以悄悄重建家园。圣殿骑士通过与传奇的狮心王理查结缘，经历了一次复兴。

关于耶路撒冷新国王亨利与阿萨辛派首领的见面，其中还有一个有趣的故事。亨利登上耶路撒冷王位之后，阿萨辛派有人找到他，想要谈判达成一项协议。亨利描述了自己在 1194 年前后到阿萨辛派叙利亚分支控制的山区，也就是拜访"山中老人"的经过。当亨利和"山中老人"在院子里散步时，"山中老人"说他不相信基督徒能够像他的门徒那样忠于他们的首领，为了证明他的观点，"山中老人"向一座塔楼上方的两个年轻人发出信号，那两人立刻从塔上跳下来，摔死在下方 1000 英尺的岩石上。

十

十字军征伐拜占庭

CHAPTER

7

教皇英诺森三世于 1198 年就任，对圣殿骑士团来说，他们又一次开始交好运。英诺森三世是一个有权有势的领袖，一共执政了 18 年。这位教皇有着钢铁般的意志，下定决心要让教廷成为封建神权政治制度中等级最高的统治者，在这种制度下，所有的基督教国王都要乐于服从教皇的权威。英诺森三世对圣殿骑士极度保护，他明确提醒教会神职人员，圣殿骑士团在财政和宗教方面拥有独立的豁免和特权，这些原本就是由前任教皇所赐予的。然而，他也用同样坚决的态度约束圣殿骑士团，在 1207 年写的一封信中，英诺森三世斥责骑士团的成员骄傲贪婪，滥用得到的恩赐，批评圣殿骑士向被教会开除教籍的贵族收取金钱，然后让这些人加入骑士团并允许他们埋葬在骑士团教堂的墓地里；最后，他命令圣殿骑士进行自我改造。圣殿骑士自此成为英诺森三世的私兵、基督的军人,这样,

图 7.1 《教皇英诺森三世》（14 世纪画作）。英诺森三世将
阿尔比派教徒逐出教会。第四次十字军东征遭遇悲惨失败后，
英诺森三世在法国南部发动了一次基督教世界内部针对异教
徒的十字军征伐。

教皇就可以执行自己的意愿，实现宏伟目标。英诺森
三世的众多目标中，一个是解放耶路撒冷，另一个是
消灭欧洲的卡特里派。

　　1202 年，英诺森三世为第四次十字军东征布道，
他宣扬这一次东征将像第一次那样战果辉煌。埃及是
英诺森三世的首要目标，他希望避免第二次十字军东
征时所犯下的诸多失误，当时，多国军队之间有严重
的语言障碍，骄傲的国王互不相让，这些使基督教世

界的努力注定失败。第四次十字军东征的军队由忠于英诺森三世的各贵族领导，他们的总领袖是康拉德的兄弟、蒙费拉的博尼费斯。在圣殿骑士团的襄助下，欧洲军队集结并开始向东行进。这次东征计划要求巴勒斯坦的圣殿骑士团在十字军抵达埃及时与他们会合进行增援，如此，两方将形成一支团结而强大的基督教军队。然而，事实并非如此。

十字军军队由威尼斯城的商人提供所需的船只、通行安排以及一整年的伙食供应，但是十字军战士并不知道，威尼斯人此时与埃及苏丹也签订了贸易协定，并且他们还向埃及方面保证，威尼斯人也决不会允许哪怕一个来自欧洲的士兵踏上埃及领土。威尼斯人按照为3万多军人提供服务的费用向十字军领袖开价，然后提出了一个协议，如果十字军能够帮助威尼斯人占领达尔马提亚的港口城市扎拉的话，威尼斯人就会为十字军这笔欠款提供贷款。尽管扎拉是一个基督教城市，但是十字军同意了威尼斯人的条件，在5天内把城市交到威尼斯人手中。英诺森三世因为基督徒流血而感到羞辱，将整个威尼斯城的人和十字军开除出教会。在意识到十字军是被人利用了之后，他很快又撤销了对十字军的惩罚。

接下来，对君士坦丁堡长期心怀怨恨的威尼斯首

✝ 图 7.2 《1202 年扎拉城民投降》（16 世纪画作）。威尼斯
  商人及其领袖的背叛和两头交易使得第四次十字军东征成为
  基督教世界一次彻头彻尾的灾难。英诺森三世因为十字军袭
  击基督教城市扎拉而惩罚了这支军队，后来发现十字军是被
  威尼斯人利用了。

领恩里科·丹德罗建议十字军征服那座城市，他说，
这对十字军而言不啻一个消除异己的好机会：如果攻
下君士坦丁堡，十字军就可以铲除拜占庭的异端邪说，
将整个基督教世界统一在教皇的领导下；他们可以借
此报复拜占庭在第二次十字军东征时的背信弃义；甚
至，他更进一步提出，传说君士坦丁堡拥有惊人的财
富，十字军完全可以利用这笔财富来偿还欠威尼斯人
的债务。十字军领袖同意了，他们于 1204 年进攻了君

✝ 图 7.3 《十字军攻占君士坦丁堡》
（19 世纪画作）。诡计多端的威尼
斯人利用了西方教会对拜占庭东正
教会的长久怨恨。兄弟对兄弟施加
暴行也许是对伴之以残酷劫掠的第
四次十字军东征"取得成功"的最
佳描述，威尼斯人施计让罗马基督
徒攻击希腊基督徒，以免前者中的
任何一个踏上穆斯林的土地。

士坦丁堡，随之而来的是大规模的抢劫和掠夺，后来又不可避免地发生了醉酒、亵渎、谋杀和强奸，被杀的人成千上万，英诺森三世一统基督教的梦想也随之破灭，第四次十字军东征的火焰在遭遇异教徒之前就自行熄灭了。没过60年，第四次十字军东征建立的君士坦丁堡拉丁王国又败在了希腊人的手中。

在拜占庭帝国和塞浦路斯开辟新的战线受到许多人的欢迎，他们认为这将是欧洲骑士新的竞技场。现在，如果一个人想要通过战争求取声望、发财的机会或者赎罪，他不必再千里跋涉赶赴遥远而陌生的巴勒斯坦，置身于异国文化中四处碰壁、举步维艰，这样一来，难度被大大降低。因此，自13世纪初以来，武装骑士团实质上成为圣地唯一的欧洲军事存在。

✝

第八章

阿尔比派异端

CHAPTER

8

可能是对君士坦丁堡之围的失望和痛恨使得英诺森三世热衷于实现他的下一个主要军事行动目标——讨伐阿尔比派。反对异端邪说的血腥战争从1209年开始，持续了20年，最终导致了宗教裁判所的诞生。战争的受害者是法国朗格多克地区平和的卡特里派，或者叫清洁派信徒，他们的主要活动范围就在城市阿尔比附近。卡特里派信徒是二元论基督徒，他们反教皇制的改革主义教义激怒了教会的统治集团。在整个黑暗时代，相比之后来说，整个欧洲并不在意那些异端邪说。6世纪，物质条件太过贫乏，以至于在接下来的四五百年里人们并无余力进行哲学思考。然而，11世纪，摩尼教的二元论再度兴起，挑战基督教教会排他的宗教霸权。

圣奥古斯丁在388年建立了第一个基督教修道团，在皈依基督教之前，他曾经有9年的时间都是摩尼教

图8.1 雷恩城堡的玛丽抹大拉教堂内部（维尔·夏佩尔摄）。自十字军征讨阿尔比异端开始，我们将面对宗教裁判所带来的种种恐怖和它对异端发起的战争。一个世纪之后，这种针对宗教「错误」的战火又燃烧到了圣殿骑士团成员的身上，他们被指控犯有同性相奸和拜撒旦的罪过，如此具有煽动性的重重罪名将骑士团压得粉碎。

支派的一个成员。他指控摩尼教徒在进行选举时会发生淫乱的性行为，候选人会食用圣餐，但与基督教完全不同，摩尼教的圣餐原料还包括男人的体液。在11世纪早期，一个关于异端团体的传说很快流传开来，传说这个异端团体的成员高呼着恶魔的名字，直到恶魔进入房间，然后他们会熄灭灯光，进行一场狂欢……根据历史学家马尔科姆·兰博特的说法，人们普遍认为，卡特里——Cathar，这个词有希腊语或拉丁语词根，意思是"净化"或"纯净"，可能来自单词猫——cat。[1]12世纪卡特里派的敌人认为，卡特里派的仪式中有一项是礼仪性亲吻猫的肛门，据说这样做路西法就会出现。到了12世纪末，人们会用"bougre"这个称呼来诽谤卡特里派教徒，很明显，它的词源是"保加利亚"，那个时代的人们普遍认为保加利亚是卡特里派异端邪说的源头。后来bougre演变为"像所多玛（所多玛是《圣经》描述的邪恶之城，被上帝降天火毁灭）人一样行事邪恶的人"。

　　直到1233年，罗马天主教会才给卡特里派异端下了决定性的定义，当时的教皇格列高利九世颁布教皇训谕《拉玛的声音》（*Vox in Rama*）。在这则谕令中，他谴责卡特里派信徒对撒旦的崇拜，声称要给大众讲讲卡特里派的异端信仰和行为。他说，卡特里派信徒

图 8.2　教皇的私人礼拜堂（斯蒂芬·布鲁克摄）。在这个
小教堂里我们可以想象英诺森三世的心灵因为第四次十字军
东征出现的种种失误而备受折磨，他决定把矛头转向和平的
卡特里派信徒。这张照片向我们展示了位于圣彼得大教堂内
的教皇私人祈祷礼拜堂，极其罕见。当然，祈祷礼拜堂修建
于文艺复兴时期，那时距离英诺森三世执政已经很久了。（左
页图）

认为上帝把路西法从天堂赶走是错误的，路西法会胜
利归来，奖赏他的信徒。他这样描述卡特里派入会仪
式的过程：首先，一只丑陋的大蟾蜍出现在卡特里派
的新信徒面前；其次，又会出现一个像冰一样冷的苍
白男人，当新信徒亲吻这个苍白的男人时，一切对于
基督教的信奉都会从他的心中消失，在举行招待新成
员的宴会后，会出现一只黑猫，所有参加入会仪式的
人都会亲吻它。教皇格列高利九世对卡特里派信徒的
指控非常严重，这也侧面反映在他做出指控时的笃信
以及那些被指控者即将遭受的苦难。

中世纪欧洲的二元论者当然不是摩尼教徒，后者
的传统可以一直追溯到 242 年——波斯神秘主义者摩
尼宣称自己是弥赛亚——救世主。摩尼将世界划分为
善与恶、黑暗与光明，他认为，地上是撒旦统治下的
黑暗王国，人类唯一的希望在于执行严格的禁欲，这
样做就可以挣脱黑暗力量的桎梏，上升到光明的天之

✙ 图 8.3 阿尔比派教堂内的壁画：最后的审判（维尔·夏佩尔
　　摄）。这是局部细节，描绘了阿尔比派的认知。他们认为地上（相
　　对于天上）的领域是受邪恶的摩尼造物主魔鬼力量的统治支
　　配。从另一方面说，这也准确地反映了 13 世纪卡特里派教徒
　　在基督徒同胞手里遭遇的恐怖对待。

✙ 图 8.4 《通往天堂的阶梯》（12 世纪画作）。这是一张中世
　　纪画作。此画根据 6 世纪拜占庭宗教文章绘成。拜占庭的教
　　条为波各米勒异端学说的形成提供了基础，晚些时候，波各
　　米勒异端学说又影响了二元论的清洁派教条。在画中，邪恶
　　的灵魂会被黑色魔鬼拖进地狱的大坑中，而善良虔诚的灵魂
　　则会继续向上走，直到他们到达天堂。（右页图）

✚ 图 8.5 弗瓦城堡（维尔·夏佩尔摄）。弗瓦城堡位于法国南部，是一座属于卡特里派的堡垒要塞。

国。30 年的布道之后，在古波斯祆教领袖的强烈建议下，摩尼被钉死在十字架上，他的身体被塞满了稻草。

事实上，11 世纪的异端是相互孤立的，他们各行其是，互不相干。虽然有一些共同点，最明显的是他们都是二元论者，是反教权、主张禁欲、反唯物的理想主义者，他们要打破旧习，都非常反感教会的腐败——但并没有像卡特里派那样在后来出现统一的意识形态。

历史上第一次出现关于卡特里派的记录来自 12 世

纪中叶的德意志。"该异端是一种意识形态，有一整套的信仰和程序，这种意识形态超越了国界，完全与个人无关，相比独具魅力的个人的布道，它要持久得多。迄今为止，西方编年史家所记录的异端事件都是关于这种异端的内容。"[2]

卡特里派信徒是神秘主义基督徒，他们相信与上帝之间直接的个人联系是所有灵性进步的基础。卡特里派的起源可以追溯到10世纪保加利亚的二元论者波各米勒，他曾与拜占庭教会发生争论，但是这两个群体都与4世纪基督教衍生出的摩尼教有很多共同点。大多数卡特里派信徒是温和的二元论者——换句话说，他们相信上帝比撒旦更强大，上帝允许撒旦去创造世界，然而最终上帝也会粉碎所有的邪恶。另一方面，一个激进二元论者——他们认为邪恶是一种与善良完全平等的力量——很轻易就会倒向崇拜撒旦，对他们的指责却往往会错误地加在许多温和二元论者头上。

卡特里派教导人们说，撒旦或者路西法用黏土创造了人类，而《旧约全书》中的上帝实际上是撒旦，因此，他们拒不接受《旧约全书》。卡特里派认为，人类的灵魂是堕下凡间的天使，被困在肉身中，真正的精神体还停留在天堂。灵魂能够通过灵知或知识与精神相结合，没有了灵知，灵魂将陷入不幸境地，不

✛ 图 8.6　阿尔比教堂内部（维尔·夏佩尔摄）。

断轮回，从一具躯体转移到另一具躯体之中，禁锢在无尽的痛苦劫难中，无从解脱。

卡特里派认为物质本身是邪恶的，没有得到救赎的可能。第一个人类女性夏娃在被诱惑后发生了性行为，因此丧失了灵魂；性交是最大的罪恶，因为它使邪恶的物质永存。卡特里派信徒不信仰地狱或炼狱，他们认为被囚禁在肉体之中就是最大的惩罚；耶稣是一个投影或者说是一个天使，出于对堕落的人类的怜悯，上帝派他来教导人类怎样解脱；耶稣是上帝的一

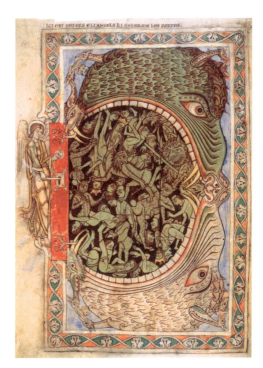

图 8.7 《地狱张开血盆大口》（13 世纪画作）。诅咒邪恶之人下地狱的可怕图像能够让我们窥见毛骨悚然又令人警醒的中世纪宗教内部生态。

部分，既不是上帝本身，也不是人类；他的身体是一个投射出来的幻象，纯洁的灵魂是不会与不纯洁的物质接触的；耶稣基督既没有受苦，也没有死在十字架上；十字架是个邪恶的物质象征，应该鄙视它，而不是崇拜它。卡特里派否定基督肉体复活的概念，在他们看来，罗马教会事实上是建立在对错误的造物之神，也就是撒旦的崇拜之上，他们排斥罗马教会重要的宗教活动弥撒，认为这是膜拜物质的仪式。

卡特里派的纯信徒——完人，遵循基督带来的真实信息——减少与物质世界的接触。他们排斥教会及其所有大大小小的神职人员。这些卡特里派的纯信徒过着简朴的苦行僧生活，在法国南部流浪传道，他们恪守素食，经常禁食，过着贫穷的生活。尽管主教区的教职全由男性担当，但妇女在教权方面完全平等。完人的誓言，也就是众所周知的坚信礼——康索雷门图（consolamentum），接纳完人入会仪式，用火或灵进行洗礼，这也就是《新约》中所说的至高洗礼。在仪式上，受洗人的头上会放一本《新约》，书中的信息会把精神灌输过去，这时候施洗人吟诵圣灵祷词和颂词，通过手手交握，直接向候选人传递。施洗的完人和在场的普通卡特里派信徒会彼此交换"和平之吻"。[3]

天主教徒借助水施行的洗礼是对施洗者约翰洗礼的模仿，约翰说这种洗礼层次低，不如用火行的洗礼高："我是用水施洗，但有一位站在你们中间，是你们不认识的，就是那在我以后来的，我给他解鞋带也不配：他用圣灵和火为你们施洗。"[4]事实上，天主教的洗礼是在婴儿身上进行的，婴儿无法自主选择，这使得洗礼毫无意义。更糟糕的是，这是经由腐败的教会与撒旦建立联系。卡特里派的教义完全基于他们对《新约》的解释，他们把自己教派的源头追溯到《使徒行传》和《启示录》提起的东方教会。

当着卡特里派神长——执事或主教的面，完人每月集体忏悔一次，这种活动被称为阿扎拉门图姆（apparellamentum），神长在卡特里派的领地内穿行，主持这种圣礼。这种活动在给完人带去精神净化和重生的同时，也为教派的教职人员提供了收集不同教区教徒状况和信息的机会。卡特里派主教负责在传教和礼拜仪式的工作过程中对完人进行正规的培训。

普通的卡特里派信徒不愿意采取完人所要遵守的严格的生活方式，他们赡养着完人，或者叫作善人。卡特里派信徒们对完人是极为尊崇的，态度恭敬堪比天主教教徒对待他们的圣人。信徒有对完人的崇拜仪式（medioramentum），根据卡特里派的教义，那些不愿意宣誓成为完人的人像奴隶一般受撒旦支配，除非完人能够替他们向上帝求情，否则普通信徒的祷告是无效的。

许多卡特里派普通信徒会在临终前宣誓成为纯信徒完人，这样就避免了违背誓言的风险。在 14 世纪末期，当卡特里派几乎被消灭殆尽的时候，自尽仪式"受忍"（endura）变得越来越普遍，一个信徒会在刚刚发誓成为完人之后就决定绝食自尽，这样他既不会因为不能满足严格要求而违背誓言，也不会被当局抓获，被迫放弃信仰。

在受到迫害之前，卡特里派在德意志、法兰西南部和意大利北部的传播没有遇到任何阻碍。可能是 8 世纪上半叶穆斯林在朗格多克存在的缘故，这个地区对宗教宽容，性观念也自由随便。卡特里派信徒的邻居们认为，这些简单而虔诚的人仅仅是有精神上的追求——他们不设立什一税，不要求物质财富，也不要政治权力，只有温和的信仰；也不需要教堂。卡特里派运动显而易见的道德优越性对教会构成了真真切切的威胁，据估计，当时支持卡特里教派的阿尔比人达到了当地人口的 12% ~ 14%[5]；朗格多克的一些贵族家庭也是卡特里派的盟友，无论是主动支持卡特里纯信徒传道授业，还是被动默许卡特里派教义的传播，

✝ 图 8.8　阿尔比教堂（维尔·夏佩尔摄）。城市阿尔比曾是朗格多克的中心，也是征讨阿尔比的十字军的第一目标。

✝ 图 8.9 《十字军征讨阿尔比教派》（14 世纪画作）。把这幅
画与本书中所有战斗场景画作对比会更容易理解。在画中，
十字军战士攻击手无寸铁的人群。

他们都促使卡特里教派在他们的供养扶持中进一步壮
大。

卡特里派信仰的某些方面反过来阻碍了教派的发
展，他们拒绝结婚，因为婚姻由撒旦统治；他们对于
肉体的反感是那样的强烈，以至于他们有时会嘲笑怀
孕的妇女，说她们肚子里装着魔鬼，他们还宣称那些
在怀孕过程中死去的妇女是得不到救赎的。这些教徒
拒绝吃有性繁殖的生物，但是他们是吃鱼的，因为鱼
被认为是靠无性繁殖的东西；善人要过严格的独身生

活。因为无法通过最自然的方式来补充他们的成员，卡特里派教徒反性、反家庭的教义最终导致了教徒数量减少。另一个信条——对唯物主义不留余地的拒绝也阻碍了他们的发展。卡特里派教徒的信仰对穷人没有什么安慰，因为穷人对于不能帮助他们脱离贫穷或低下地位的运动并不感兴趣。最后，卡特里派在受到迫害时的表现带有一点虚伪的色彩，由于善人要遵守反对流血的严格誓言，他们不参加作战，只得依靠在

✝ 图 8.10 《把阿尔比派教徒逐出卡尔卡松》（15 世纪画作）。

教理上不那么纯洁的普通教徒厮杀，抵御敌人的军事攻击。

自从 1145 年圣伯尔纳铎在朗格多克布道以来（他也对卡特里派的自由观点持怀疑态度），当地主教、牧师，甚至是被恶魔同盟威胁吓坏的城镇治安人员开始零零星星地焚烧卡特里派的教堂，教会打击异教徒的运作变得越来越有组织。1206 年，两个卡斯蒂利亚（现在的西班牙）牧师，奥斯马的迭戈主教和他的副手多米尼克·德·古斯曼教士自愿发起了一场卫道之战，他们的这场传教战争如同 1 世纪和 2 世纪发誓过贫穷和简单生活的使徒们所做的一样，两位教士到处游历，与异教徒们争论不休。1207 年，迭戈返回西班牙，而

✝ 图 8.11　今日的卡尔卡松（维尔·夏佩尔摄）。

多米尼克（多明我）留了下来，继续努力，后来多米尼克创立了多明我修道会。

1208 年，教皇的使节被亲卡特里派的贵族——图卢兹伯爵雷蒙六世下属官员谋杀，此举惹得英诺森三世大为光火，以至于他下令对卡特里派教徒进行征伐。

英诺森三世许诺，服 40 天兵役的人就能得到宗教赦免。与在圣地服

✝ 图 8.12 著名的蒙塞古城堡（维尔·夏佩尔摄）。任何想要了解十字军东征根本动机的人都应当把这个独立山巅的卡特里派基地纳入思考范围。

兵役所要求的严苛条件相比，这次征伐的主张显得很吸引人。到法国南部的行程无须花费什么力气；尽40天兵役的义务对减轻罪恶来说极其适度；杀死手无寸铁的异教徒看起来远非对抗阿拉伯战士那样危险；最终，教皇还提出，征伐者们可以夺取那些支持和保护异教徒的土地所有者的财产，而众所周知，朗格多克有相当可观的财富。

在封建制贵族的权力变小和卡佩王朝国王权力相应增大所造成的紧张政治局势下，法国南部特别容易受到影响，这样紧张的政治局势又因为本土神职人员和教皇的野心变得复杂。北方人对朗格多克的入侵打碎了法国南部贵族的统治，为卡佩王朝统治者把这个迄今为止仍然独立的地区纳入囊中铺平了道路。

经过20年的军事侵略行动，宗教裁判所于1233年正式诞生。此前征伐阿尔比派的十字军没有消灭异端，这一点重复多少次也不为过。当然，十字军杀死了一些卡特里派的纯信徒，消灭了许多卡特里派的保护者，为宗教裁判所真正有效地打击异端铺平了道路。[6] 格列高利九世把抓捕异端的任务交给了多明我会的修道士，赋予他们全权审判的权力，并指派他们在法国南部的特定教区工作，他还任命了一个教皇特别使节，负责协助他们铲除异端。

死亡被认为是对异教徒最合适的救赎，这样才能根除恶魔及其后裔的力量，以免少数人精神上的背叛污染扩散至更大的基督教社区。人们很快发现，用异端这一指控来诽谤敌人的办法方便又有效。宗教裁判所不容异说的剑与火在此后的一百多年中一直没有放过卡特里派，1244 年，最后一个卡特里派完人社区在蒙塞古山区的据点重燃战火，到 1325 年，卡特里派作为一种公认的宗教组织似乎已经被消灭殆尽了。[7]

十字军征讨阿尔比派是圣殿骑士团最可耻的行动

✝ 图 8.13　从普伊拉伦斯城堡向外眺望（维尔·夏佩尔摄）。纵观 13 世纪，这个地区的壮丽宏伟、自给自足与丰饶富裕，一直诱惑着历代教皇与君主出于巩固权力、增加财富的目的而占有这一地区。

之一，事实证明，这是骑士团走向毁灭的一次彩排。
尽管合理化解释大概能使任何事情都变得可以接受，
但是圣殿骑士团杀了大量基督徒，这是不可接受的。
尽管是听命于英诺森三世，但是圣殿骑士的行动彻底
违反了骑士团建立时的原则。在这场中世纪反异端大
屠杀中，教皇使节阿诺德·阿玛利对担心分不清卡特
里派教徒和天主教徒的士兵说的话流传至今："那就
把他们杀光，上帝知道谁是他的子民。"虽然这句话
的字面意思有争议，但博学的阿玛利实际上可能引用
了两段圣经经文。第一段是保罗写给提摩太的一封信，
"主认识谁是他的人"（《提摩太后书》2：12）。
其中保罗提到征战前夕摩西的一句话说："明天耶和
华必指示谁是属他的，谁是圣洁的，就叫谁亲近他；
他所拣选的是谁，必叫他亲近他。"（《民数记》
16：5）[8]

第五次十字军东征
与圣人方济各

CHAPTER

9

英诺森三世去世之后，洪诺留三世接任教皇，在接下来的 11 年里，他继续大力支持圣殿骑士团。圣地发生的件件事情为圣殿骑士团提供了许多机会，让他们可以施展外交手段，巩固权力，缔结同盟，进行自我重建。圣殿骑士打理骑士团的钱财，利用骑士团剩余的资产，把骑士团发展成为一个自给自足的封建主义社团。根据以往围攻获得的诸多教训，城堡都得到了加固，因为萨拉丁的工兵能够成功破坏城堡墙壁的技艺令人难以忘怀。阿特利特位于雅法和海法之间，修建在这里的朝圣者城堡标志着中世纪城堡设计的巅峰。1217 年，在圣殿骑士团大团长威廉·德·查特斯的领导下，修造得以开工。城堡建在海角上，三面环海，可以长期抵御陆地军队的进攻，敌人从来没有能够占领这里。时至今日，朝圣者城堡成为以色列海军基地的所在地。

✚　图 9.1　阿特利特的朝圣者城堡。

第五次十字军东征开始于1217年。这次的东征军，由来自现在的塞浦路斯、匈牙利、意大利、法国、英国、荷兰和奥地利等地的志愿军组成，是一支混乱的多国特遣部队。十字军想要占领埃及城市杜姆亚特，他们希望能战胜阿尤布王朝苏丹阿尔－卡米勒，这个战略如果成功，他们就可以继续向耶路撒冷进军。第五次十字军东征的总指挥官是教皇使节——名叫佩拉吉乌斯的西班牙红衣主教。此人在战略问题上的左支右绌，使得基督徒军队功败垂成。已故教皇英诺森三世认为异教教主①就是《圣经》最后一个章节启示录中预言的大怪兽，根据预言，这个邪恶帝国会自行崩溃，佩拉吉乌斯和教皇洪诺留三世所采取的基本战略设想就落脚在这个预言上面，因此，圣殿骑士团、医院骑士团以及其他任何军事领袖的建议在宗教成见面前都不值一提。

在围攻杜姆亚特期间，亚西西的方济各来到开罗拜访了阿尔－卡米勒。这位苏丹通过方济各向基督徒提出一份休战协定，如果他们离开埃及，他将归还十字军在哈丁之战时被萨拉丁夺走的真十字架，并且把加利利周围地区和整个巴勒斯坦包括耶路撒冷的中部地区都给他们。佩拉吉乌斯拒绝了，他认为与异教徒谈判是有罪的。而比他更老练的军事领袖心知肚明，耶路撒冷在战略上会处于一个完全站不住脚的位置，因为苏丹坚持保留两个城堡，将来伊斯兰军队完全可以从这两个地方发起攻击。他们还由此推论，如果苏丹愿意提供这样有利的条件，他一定比他们估计的还要弱。十字军在勃发的热情中进攻了杜姆亚特，这座城市在1219年11月陷落，十字军得知，这里在被攻陷之前就已经遭受了瘟疫的蹂躏。

当年夏天，圣殿骑士团大团长威廉·德·查特斯

---

① 即穆罕默德。

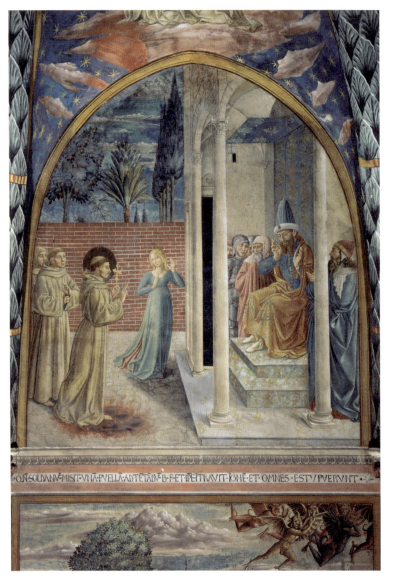

✝ 图 9.2 《亚西西的圣方济各在阿尤布王朝苏丹阿尔－卡米勒的朝廷上》
（15 世纪画作）。苏丹是萨拉丁的兄弟，圣方济各试着说服他皈依基督
教，而苏丹想要借方济各的帮助解除杜姆亚特之围。

✝ 图 9.3　13 世纪中期编年史家马修·帕里斯描绘的《杜姆亚特之战》（13 世纪画作）。

✝ 图 9.4　《中世纪围城战》（14 世纪画作）。画中军队使用了一种类似平衡秤的投石机，他们用这种武器向城堡的城墙弹射沉重的大石块，意欲借此破坏抵抗，打开缺口。如果更精确一些，这种装置应该比画中的更大。圣殿骑士在攻击杜姆亚特时就使用了这种武器。

因为伤口并发症而死，他的继任者是佩德罗·德·孟太古，孟太古的领导提振了圣殿骑士的士气，增强了他们的信心。然而，在接下来的两年中，佩拉吉乌斯一直坚持把军队的行动限制在杜姆亚特方圆20英里的范围之内，这让其他军事领袖越来越反感。圣殿骑士受制于对教皇恪守忠诚的誓言，所以不管教皇的直接代表是多么无能，他们也不能违抗他的命令。

最后，也许是迫于盟军的愤怒和失去耐心，1221年7月，佩拉吉乌斯下达命令，让由600多艘船只和近5万名士兵组成的突击部队进攻开罗。他选择了一个再糟糕不过的时机，此时正赶上尼罗河每年都要泛滥的汛期。经过12天的行军之后，法兰克军队到达一片平原，从这里看去，他们可以发现自己在行军时就落入穆斯林军队的包围之中，而此前却一直没有人察觉。十字军试图撤退，然而穆斯林军队升起了尼罗河的防洪闸门，法兰克人的军队几乎被全歼，第五次十字军东征以彻底的灾难告终。尽管阿尔－卡米勒曾慷慨地表示，作为十字军停止东征的休战协议中的一条，他愿意归还真十字架，但显然这件基督教的圣物对伊斯兰教徒来说没有什么价值，以至于人们已经想不起来在过去的几十年里把它放到哪里去了。苏丹下令仔细搜索，但再也没有找到。[1]

十

第十章

第六次十字军东征
与神圣罗马帝国皇帝腓特烈二世

CHAPTER

10

1228 年，第六次十字军东征在腓特烈二世的带领下开始。腓特烈是一个多才多艺、极富异国情调的人，他能流利地说包括阿拉伯语在内的六种语言，还受过系统的阿拉伯哲学和数学教育。他受穆斯林喜爱和尊敬，与许多伊斯兰王室成员建立了长期的友谊，甚至在西西里岛有一个后宫。腓特烈还是个孩子的时候，森西奥·萨维利，也就是后来的教皇洪诺留三世当过他的老师，就算师生之间存有分歧，但终其一生，老师洪诺留三世一直非常喜爱腓特烈这个学生。尽管如此，被同时代的人称为"世界奇迹"（Stupor Mundi）的腓特烈对基督教却没有什么兴趣。1215 年，被教皇英诺森三世加冕为日耳曼国王后，腓特烈当即宣布有意参加十字军东征，这一承诺似乎是他个人策略的一部分，这样做可以保有教皇的青睐，巩固他在伦巴第地区的统治。1220 年，腓特烈被教皇洪诺留三世加冕为神圣罗马帝国皇帝，此时他还没有发起十字军东征。1225 年，腓特烈娶了耶路撒冷国王——布里昂的约翰的女儿，他的女继承人。显然，约翰认为这桩婚事最终会鼓励腓特烈开始他的东征行动，然而腓特烈迟迟没有行动。

✠ 图 10.1 《腓特烈二世》（13 世纪画作）。

1227 年，洪诺留三世去世，接替他的是格列高利九世，新教皇马上命令腓特烈履行他的承诺，开始十字军东征。当腓特烈开拔不久又宣称生病而旋即返回后，格列高利九世并不相信他的话，他对腓特烈施以绝罚，并不仅仅因为他提前回国，还因为他在离开的短短一段时间内对圣殿骑士和其他忠诚的罗马天主教徒采取了军事行动。

1228 年 6 月，腓特烈再次率领军队出发，此次行动呈现出略显荒谬的画面：一位被逐出教会的国王领导着一场十字军东征，与此同时，教皇还在西西里岛派军队反对他。腓特烈决心进行一场为期两年的十字军东征，他最初受到圣殿骑士团和医院骑士团的热情欢迎，然而，就在他抵达阿卡后不久，教皇给圣殿骑士们写了一封信，下令他们不得参与腓特烈的行动，因为他是一个被逐出教会的人。没过多久，教皇又给圣殿骑士写了一封信，宣布他刚刚对腓特烈施行了第二次绝罚，而被逐出教会者是不得参加十字军东征的。

尽管圣殿骑士都必须遵守誓言，服从教皇的命令，但他们明白，腓特烈的任何改变都可能对基督教与穆斯林的权力平衡造成影响，且后果严重。因此，圣殿骑士觉得有必要充分了解腓特烈的行动，如果有任何军事或领土上的收获，他们希望自己不被排除在外。

✝ 图 10.2 阿卡：一个在整部十字军东征史上最为重要、最具战略性的地方。

✝ 图 10.3 《圣殿骑士团出征》（12 世纪画作）。在这幅法国克雷萨克圣殿骑士团教堂的壁画中，骑士身负圣殿徽记，向着叙利亚进发。

于是圣殿骑士决定采取折中手段：他们跟在腓特烈后面，落后一天的行程，这样就不会有人指责他们和他一起行军了；后来，圣殿骑士又和腓特烈一起行进，这种行军安排的条件是，腓特烈规定，他的命令要以上帝的名义下达，而不是以他自己—— 一个被逐出教会的皇帝的名义！

1229 年 2 月，腓特烈与阿尔 – 卡米勒就归还耶路撒冷和通往地中海地带的走廊达成了一项为期 10 年的条约。此外，苏丹还同意归还拿撒勒、加利利西部以及西顿和伯利恒周围的土地。1229年3月，腓特烈自行加冕为耶路撒冷的国王。第二天，凯撒里亚大主教将整个耶路撒冷城的人都逐出教会，因为他们为被逐出教会的皇帝提供容身之地。

尽管腓特烈以全体法兰克人的名义协商签署条约，但他从未得到法兰克人的允许。圣殿骑士很生气，因为他们的"祖庙"仍然在穆斯林的手中，新条约还禁止骑士团修缮许多紧要的城堡。反对异教徒的圣战是军事化教士团体存在的理由，却偏偏被腓特烈破坏了。他和圣殿骑士之间的关系极度紧张，以至于他在耶路撒冷只待了两天就因为担心自己的生命安全而离开了。

由于腓特烈签署的条约，耶路撒冷被置于一个摇摇欲坠的战略位置，这一地区对那些不能像腓特烈那样能够与穆斯林通过外交手腕斡旋的人来说特别关键。圣殿骑士团与耶路撒冷牧首共同计划，以教皇的名义夺回耶路撒冷，尽管他们很快重新考虑并放弃了这项计划，但腓特烈还是知晓了他们的活动。腓特烈把骑士团的人叫作叛徒，驱逐出了阿卡，并且尽他所能解除他们的武装，他还帮助新来的条顿骑士团——一个效仿圣殿骑士团、建立于1198年的德意志军事团体——增强他们的战略地位。

与此同时，教皇在意大利发动了反对腓特烈的征伐。圣殿骑士试图说服苏丹阿尔－卡米勒与腓特烈敌对，愤怒的腓特烈袭击了阿卡，还试图占领位于阿特利特的朝圣者城堡。由于具有优越的设计，朝圣者城堡在腓特烈的攻击中幸免于难。最终，在1229年5月1日，出于对抗教皇保护自己王国的压力，腓特烈不得不返回欧洲，他继续在西西里岛发动反对骑士团的运动，没收了圣殿骑士团和医院骑士团的财产，并设法夺回了他不在国内时失去的领土。

在腓特烈休战协议生效的10年间，圣殿骑士在乌特雷默的处境有所改善，他们得到了更多的城堡和土地。圣殿骑士团在欧洲积累财富和招募人员的努力都取得了成功，因此得以在叙利亚捍卫和管理拉丁王国的利益；他们再次开始投身于运送和保护从欧洲来的朝圣者和商品的工作；与穆斯林的小规模冲突取代了大规模的战役。休战协议在1239年结束，正如圣殿骑士团所预计的那样，穆斯林重新占领了耶路撒冷。

虽然后哈丁时代的各种条约在重建欧洲军事实力方面发挥了相当大的作用，但法兰克人内部的分裂似乎也同时发挥了同等的破坏作用。对圣殿骑士滥用职权的指控广为流传，人们指控说，由于与其他军事团体和意大利商业团体的长期不和，圣殿骑士团故意失掉城市和城堡，削弱商业。竞争和嫉妒引起的军事团体之间的暴力对抗经常引发流血事件。1230年，阿萨辛派帮助医院骑士团打击了波希蒙德四世，其继任者波希蒙德五世写信给教皇格列高利九世，抱怨医院骑士团与刺客团体结盟。格列高利九世写信给提尔大主教、西顿主教，还有贝鲁特主教，要求无论是圣殿骑士团还是医院骑士团，都要终止任何与阿萨辛派的联盟。

1240年，圣殿骑士团与阿尤布王朝大马士革苏丹谈判取得成功，圣殿骑士团获得加利利的采法特城堡，作为交换，骑士团将与苏丹结盟共同对抗他的对手——阿尤布王朝的开罗苏丹。采法特是一份战略性极强的战利品，医院骑士团极为嫉妒圣殿骑士团的获利。与腓特烈二世的舅兄康沃尔的理查结盟后，医院骑士团与开罗苏丹谈判达成协议，尽管协议之中包括归还耶路撒冷，但是协议的其他条款都对圣殿骑士团十分不利。这一年的晚些时候，圣殿骑士团和条顿骑士团在阿卡爆发了激烈的冲突，冲突愈演愈烈，以至于圣殿骑士团放火烧毁了一座属于条顿骑士团的教堂。1242年，圣殿骑士团和医院骑士团之间发生了一场激烈的内战，全乌特雷默的大街小巷都有敌对的骑士团成员在打斗，圣殿骑士团正式围攻了位于阿卡的医院骑士

✝ 图 10.4 《基督徒与基督徒开战图》（19 世纪画作）。敌对的十字军派别间相
　　互争斗开战，这个问题在 13 世纪日益严重。

团驻地。

与军事团体间的冲突并存的是不同政治力量之间的冲突。教皇和卡佩王朝的联盟经常与腓特烈领导下的霍亨斯陶芬王朝出现公开的利益冲突。巴勒斯坦的领主阶级是另一个不和谐的根源，领主在此扎根已经有一个半世纪了，在他们看来，行使己方政治优先权的时机已经成熟。最后，威尼斯、热那亚、比萨和巴塞罗那的商人之间开展商业竞争，经常各自与敌对的政治或军事利益结盟。

事实上，阿尤布王朝本身亦处于开罗和大马士革之间的内战之中，小苏丹国纷纷与大苏丹国阵营结盟，相互冲突的穆斯林国又常常向法兰克人提出结盟的动议，这最终导致在本就分裂的基督徒之间，冲突进一步加剧。教皇格列高利九世想要获得欧洲君主们对于发起新十字军东征的支持。一些贵族，譬如香槟伯爵西奥博德，响应了他的号召，去圣地进行探险之旅。这些有可能使十字军成员走入一个复杂的局面，以至于他们再也不会先入为主地认为冲突只是在基督徒和异教徒之间发生。

随后，花剌子模突厥人在这个地区出现了。这个军事部落最初来自位于阿拉穆特东北方向大约500英里处、咸海以南的奥克苏斯河（这条河在现代被称为

✝ 图 10.5 《战俘行进》（13 世纪画作）。马修·帕里斯描绘了 1239 年加沙战败的场景，当时圣殿骑士团和医院骑士团受到不协助法兰西东征军队作战的指责。这两个骑士团的首领都曾经对此次远征提出过异议。画中，战败的法兰克人作为穆斯林人的战俘被领走，等待晚些时候，他们或者被赎回，或者作为奴隶出售。

阿姆河）上游，那里是与世隔绝的花剌子模地区。1198 年，这些人发动了一场反对波斯阿萨辛派的运动。伟大的蒙古首领成吉思汗率领他那令人望而生畏的蒙古军队，一直向西扩张着他的帝国。1221 年，成吉思汗的军队成功把花剌子模突厥人驱逐出境，后者因此沦落，成为流动的雇佣军。1244 年，开罗苏丹雇用花剌子模人攻打耶路撒冷，并于当年 7 月占领了这座城市，全城只有 300 名居民逃过了屠杀和掠夺。花剌子模人带来的威胁是如此可怕，以至于圣殿骑士团和医院骑士团暂时把他们的分歧搁在一旁，他们与乌特雷默的领主合作，组建了一支统一的法兰克部队，连大马士革苏丹的军队也加入了进来。

1244 年 10 月 17 日，花剌子模突厥人和开罗苏丹

✝ 图 10.6 《1244 年花剌子模突厥人在拉佛比的胜利》（13世纪画作）。这是一场史诗般的战役，花剌子模与阿尤布王朝开罗军队联合作战。同时，欧洲骑士团与巴勒斯坦的领主贵族团结在一起，又联合了阿尤布王朝大马士革军队。拉佛比之战的失败是西方世界在十字军东征的二百年进程中最难忘的失败之一。面对压倒性的敌军，扛着黑白旗的圣殿骑士（右侧）从战场逃离。

的军队在加沙附近的拉佛比与圣殿骑士团、医院骑士团、巴勒斯坦贵族和大马士革苏丹的联合军队相遇。基督教军队和大马士革的联军遭受了可怕的损失。圣殿骑士团大团长赫尔曼·德·佩里戈德双目失明，被敌人俘虏。哈丁之战后半个世纪以来基督徒在这块土地上取得的成果已然荡然无存。而在欧洲，腓特烈二世指责圣殿骑士团不支持他与埃及的联盟，却支持大马士革人，是犯了叛国罪。腓特烈愤怒地声称，圣殿骑士极尽奢华地款待穆斯林的王子，还允许穆斯林香客在圣殿内对穆罕默德进行邪恶的礼拜，鉴于腓特烈本人与穆斯林的交往，他的愤怒显然是十分虚伪的。

第十一章

第七次十字军东征与马穆鲁克将军拜伯尔斯

CHAPTER
11

拉佛比战役失败后，在法兰西国王路易九世的领导下，又一场轰轰烈烈的十字军东征开始了。路易九世于1214年出生在法兰西南部，是个极为虔诚的人，因此在他去世27年后，教廷把他追尊为圣徒。路易九世对十字军东征怀有圣徒般的激情，让人回想起了大获全胜的第一次十字军东征，那是很久之前的事情了，人们还没有因为一次次的战败、钩心斗角的外交和巨大的财政消耗而变得愤世嫉俗、大失所望。路易九世的热情、真诚和虔诚使他获得了人们对再发起一次新的十字军东征的支持。圣殿骑士帮助他筹集了东征的资金，还做了后勤组织工作。法兰西圣殿骑士分团导师雷纳德·德·维克希尔斯是国王的朋友。1248年8月，路易九世在维克希尔斯的陪同下启航，并于同年9月抵达塞浦路斯。

　　在那里，圣殿骑士团大团长纪尧姆·德·索纳克

图 11.1 《曼苏拉城之战》（局部细节，15 世纪画作）。在曼苏拉城，十字军首次遭遇拜伯尔斯。不久之后，这位马穆鲁克将军将会让十字军东征遭遇最后的失败。（左页图）

和一众从阿卡渡海而来的骑士加入了他们的队伍。一位代表埃及苏丹的埃米尔联系了索纳克，试图进行谈判达成和平条约。路易九世知道这件事后，禁止圣殿骑士继续与其谈判，就像之前的佩拉吉乌斯一样，路易九世认为与异教徒谈判有失基督徒的尊严。第七次十字军东征照搬了第五次十字军东征的行程，要求军队在杜姆亚特登陆，目标是占领开罗，然后前往巴勒斯坦。

大风把来袭的基督教舰队吹散开来，一些战船甚至被吹到了遥远的阿卡登陆。1249 年 6 月 5 日，路易九世率领七百名骑士在杜姆亚特登陆。幸运的是，由于开罗苏丹身患重病，加之路易九世令十字军进逼的态度强硬，杜姆亚特人被吓得放弃了他们的城市，将它拱手让给了这一小股基督教军队。

和佩拉吉乌斯一样，路易九世也坚持让十字军在杜姆亚特等待，他计划先等尼罗河的洪水退去再前往埃及。纪尧姆·德·索纳克建议他们先攻击亚历山大港，然后前往开罗，国王驳回了他的请求。经过几个月的等待后，基督教军队在 11 月下旬开始向开罗缓慢进军，

✝ 图 11.2 路易九世出发东征。

　　他们沿途不断受到穆斯林突袭队的袭击，路易九世禁止十字军采取任何报复行动。在一次袭击中，索纳克被激怒了，他违反国王的禁令，向穆斯林发起反击，杀死了 600 名敌军，此举鼓舞了十字军，由此加快了行军的速度。

　　12 月，十字军抵达运河，他们与曼苏拉城隔河相望，那里也是第五次十字军东征最终失败的地方。运河的对面是由两位伊斯兰将领指挥的军队，这两位将军一位是法鲁赫丁，他与腓特烈二世是二十多年的老朋友，另一位是马穆鲁克将军拜伯尔斯。穆斯林军队一直与十字军僵持，直到 1250 年 2 月，基督教军队一

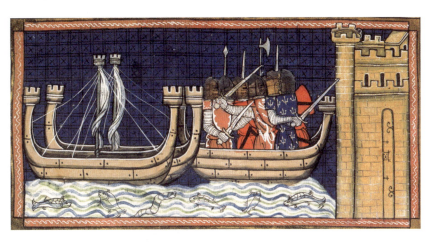

✝ 图 11.3 《攻打杜姆亚特》（14 世纪画作）。路易九世的军队抵达杜姆亚特，这是第七次十字军东征的首场战役。

部分人在黎明时分成功渡过运河，袭击了穆斯林营地。法鲁赫丁正在沐浴，他光着身子跳出来，被十字军杀死。十字军接着向曼苏拉城前进，在那里中了拜伯尔斯的计谋——他的士兵藏在城墙之内，基督徒浑然不觉，一窝蜂地冲进城门，然后遭到伏击被杀了个精光，290 名圣殿骑士只有 5 人幸存。脾气暴躁的阿图瓦伯爵罗伯特是路易九世的兄弟，他和 300 名世俗骑士一道战死。与此同时，剩余的十字军军队渡河时遭到了穆斯林军队的袭击，伤亡惨重，纪尧姆·德·索纳克双目失明，伤重不治。

路易九世原希望埃及会因为阿尤布王朝苏丹的死

✚ 图 11.4 《国王路易九世抵达杜姆亚特》（15 世纪画作）。
数量庞大的军队由身着华丽盔甲的法国国王率领，却即将面
临一场充满羞辱的失利。

而陷入动乱，但是王位的继承在一片祥和中完成了。
这年 4 月，路易九世为情势所迫，要求谈判，为他的
军队求一条生路。谈判的提议被拒绝了，基督徒开始
撤退，他们受到穆斯林军队的追击，损失了数千人。
路易九世被穆斯林抓住，关了起来，他的勇气和正直
给阿尤布人留下了深刻的印象，他们答应释放路易九
世，路易承诺，只要一有能力，就马上付赎金。

　　然而，1250 年 5 月 2 日，新任阿尤布王朝苏丹图
兰沙被他的马穆鲁克护卫谋杀了。马穆鲁克人（这个

词的意思是"归……所有的")都是曾经的白人奴隶，一般是突厥人、欧洲人和罗斯人。自公元12世纪以来，他们就在埃及军队中扮演着重要角色。萨拉丁所有的战役中都能看到马穆鲁克人的身影，现在这群人要终结他的王朝血脉了。

马穆鲁克人火速而来，巩固他们在埃及的统治，打破了基督徒救助国王路易九世的企图。新任马穆鲁

✝ 图11.5 《路易九世》（15世纪画作）。路易九世是最后一位参加十字军东征的伟大君主，他为第七次十字军东征的基督教军队带来甘霖般的宗教激情和宗教使命感。

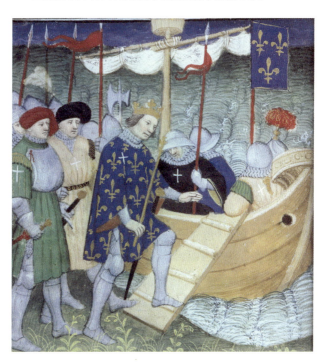

克王朝苏丹艾伯克同意遵守十字军与阿尤布苏丹签订的条约，按照条款释放路易九世，法兰克人交出了杜姆亚特，路易九世于当年5月6日被释放，国王为自己筹措赎金时，对方扣押了他的一个兄弟作为人质。

因为没办法筹集到足够的赎金，路易九世的代理人向圣殿骑士团借款，却被一口拒绝——存放于圣殿骑士团的资金只能交给它们的合法主人。然而，路易九世的朋友雷纳德·德·维克希尔斯，最近升职为圣殿骑士团军士长，他建议在这种情况下，法兰西国王可以用武力强行取走这笔钱，让圣殿骑士团在这个问题上别无选择。路易九世的代表划着小船来到圣殿骑士团的旗舰下，他爬上军舰，威胁要用斧头砸开圣殿骑士团的保险库。维克希尔斯立即将一把保险箱的钥匙交给了他，箱子里装着交付赎金所需的资金。

维克希尔斯后来出任圣殿骑士团新一任大团长。路易九世将他的总部设在阿特利特。当一个阿萨辛派使团来到阿卡向路易九世要求纳贡换取保护时，国王与骑士团合作，很好地维护了法兰克人的利益。当时，三个手持匕首的伊斯玛仪教徒走在前面，第四个人走在后面，手中拿着一块裹尸布，蓄意恐吓国王。阿萨辛派解释说，其他欧洲国家的君王，包括日耳曼皇帝和匈牙利国王，只要在这个地区有交易，都会像开罗的苏丹一样，向他们进贡。他们补充说，如果路易九世不愿意上贡，阿萨辛派也将取消他们对圣殿骑士团和医院骑士团的进贡。

路易九世要求阿萨辛派给自己时间考虑这个提议，遂安排了第二次会面。在第二次会晤时，圣殿骑士团大团长维克希尔斯和医院骑士团大团长威廉·德·查特尼弗陪同他一起出席。两位大团长面对阿萨辛派使者都毫不松口，要求与他们单独举行第三次会面。第二天，他们警告阿萨辛派使者，国王的荣誉受到了侮辱，阿萨辛派使者没有被扔进海里算是十分幸运了。使者回到了他们的首领身边，"山中老人"给路易九世送来了好几件礼物，其中最重要的是首领本人的衬衫，因为这是他的贴身之物，象征着他与新盟友的亲密关系。"山中老人"还送来了一枚金戒指，上面刻着他的名字。礼物中还有一整套美丽的水晶，上面镶嵌了大量的琥珀作装饰，香味弥漫整个房间。路易九世除了回赠礼物之外，还派出了一位能讲阿拉伯语的修道士——布里多尼人伊夫。这位修道士跟随阿萨辛派的大使一起回到了迈斯亚夫。在这里，他成为伊斯玛仪首领（可能是塔吉·阿尔丁）的座上宾，两人一起探讨《圣经》和其他宗教话题。伊夫后来报告说，这位主人友好、聪明、博学，他的床头放着一本基督教书籍。

伊夫还解释了叙利亚的伊斯玛仪教义，即如果一个人因为服侍他的主而死，那么就会有一个好的来世。

1251年，路易九世的妻子在阿特利特生了一个儿子，维克希尔斯成为这个男孩的教父，尽管圣殿骑士团的教规是禁止成员成为他人的教父。然而，在1252年，路易九世和圣殿骑士之间发生了冲突，路易因此当众羞辱了他的朋友。交战的开罗和大马士革的穆斯林苏丹都派出代表团争取法兰克人的帮助来对抗另一方，雷纳德向路易九世提交了一份圣殿骑士团与他们的传统盟友大马士革谈判签署的条约，这份条约已经签字了，只等国王的批准。路易九世对这种明目张胆篡夺他权力的行为感到愤怒。虽然他现在已经完全适应了乌特雷默的社会现实，能够接受与异教徒签订条约，但他更倾向于与开罗结盟，希望借此帮助仍然被关押在穆斯林监狱中受苦受难的随他东征的十字军成员。在愤怒之中，路易九世强迫圣殿骑士团公开集会，他要求圣殿骑士光着脚站在那里，同时大团长维克希尔斯要大声向大马士革的使节宣布，他没有经过国王的允许就签订条约，因此条约是无效的。圣地的大团长和骑士随后跪倒在国王面前，请求他的原谅，还把圣地的财产都交给他。圣殿骑士团的军士长是与大马士革人进行实际谈判的人，他因此被逐出了乌特雷默。

1254 年，国王路易九世离开了圣地，此后不久，威尼斯和热那亚的商人在港口城市阿卡爆发了一场灾难性的内战。自 12 世纪末耶路撒冷被萨拉丁夺走后，阿卡就取代了耶路撒冷，成为各骑士团的总部。在商人们的冲突中，圣殿骑士团、条顿骑士团与威尼斯和比萨的商团合力对抗医院骑士团、热那亚和巴塞罗那

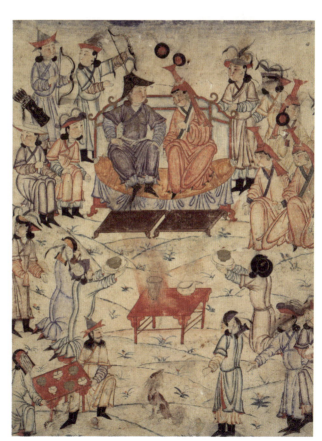

图 11.6 《天可汗的王庭》（14 世纪画作）。拉希德丁，一位穆斯林历史学家，同时也是为阿萨辛派创立者哈桑·萨巴赫作传的传记作家，在《史集》（*The Jamiʻ al-Tawrīkh*）中，他描绘了蒙古大汗和他的家族成员。

✝ 图 11.7 《马上的蒙古战士》。可怕的蒙古军队由从孩提时代就开始接受武术训练的勇士组成。

商人的联军。这场自相残杀之战被称为圣萨巴斯战争，1256 年至 1260 年，这场战争先后造成 2 万多名基督徒死亡。[1]

这一时期，人们也一直对旭烈兀指挥的蒙古军队忧心不已。蒙古人是八百多年前进攻罗马的匈奴人的后裔，他们从 13 世纪开始，在成吉思汗的带领下开始了征服中亚的大业。1218 年，蒙古大军首次到达锡尔河 (古名药杀水)，1238 年，阿萨辛派特使前往法国和英国，与阿拔斯哈里发的大使一起，试图说服基督教统治者路易九世和亨利三世共同对抗蒙古人。对阿萨辛派叙利亚分支和阿拔斯人而言，不幸的是，欧洲人此刻正在寻求与蒙古人结盟来对抗他们。到了1240年，蒙古大军进逼的脚步已经出现在伊朗西部，并且很快又逼近格鲁吉亚、亚美尼亚和美索不达米亚北部。1248年，阿萨辛叙利亚分支——伊斯玛仪派的使团前往参加蒙古忽里勒台大会，遭到拒绝，无功而返。

1252年，成吉思汗的孙子蒙哥在喀喇昆仑被选为蒙古大汗。他立即下令让弟弟旭烈兀向阿萨辛派所占据的波斯领土进发。1254年，蒙古大汗接见了路德里克的威廉，一名方济会修士，同时也是路易九世的大使。路易九世希望取得蒙古人对基督教军队第七次十字军东征的支持。威廉得知，大汗正在为自己的生命安全忧心，针对阿萨辛派的军事行动，据说这个教派派出了40多个伪装成各种身份的刺客前来报复。尽管旭烈兀直到1256年才抵达伊朗，但蒙古人的先头部队早在他之前就凭借武力穿过了阿萨辛叙利亚分支——伊斯玛仪派占据的区域。

1258年，蒙古军队继续进攻巴格达的阿拔斯王朝军队。阿拔斯王朝的哈里发穆斯塔欣·比拉投降，在说出阿拔斯王朝财宝的藏匿之处后被杀死。统治伊斯

✝ 图 11.8 《蒙古军队劫掠巴格达》(14 世纪画作)。堪称中世纪版本的《震撼真相》。40 天的劫掠中，据估计有 80 万人被杀，其中有男人、女人，也有儿童。

兰世界长达 5000 年(至少在名义上)的王朝就此摧毁。[①]蒙古军队对巴格达进行了长达 40 天的劫掠，其间有大约 80 万穆斯林被屠杀。1260 年，旭烈兀占领了阿尤布王朝统治下的城市大马士革和阿勒颇。

　　1255 年，蒙古人也威胁到了圣殿骑士团和医院骑士团。圣殿骑士团、医院骑士团和条顿骑士团派遣代表前往欧洲征召军队，筹措资金。蒙古人的进军在整个欧洲引发焦虑。然而，正如后来发生的事情所证明的那样，更危险的威胁来自更近的地方。

①　原文如此。疑为 500 年，阿拔斯王朝（中国古代史籍称其为黑衣大食，750 年取代倭马亚王朝而建立。）——编者注

1259 年，蒙古大汗去世。得知此事后，他的兄弟旭烈兀回到波斯，指派乞忒不花指挥留在叙利亚的蒙古军队。1260 年 9 月，生性残忍却能力超群的拜伯尔斯在拿撒勒以南的艾因·贾鲁打败了乞忒不花。蒙古军队最终被赶出了叙利亚。叙利亚阿萨辛派连同其他穆斯林武装力量，在这场具有决定性的战役中协助马穆鲁克人一同作战。就像在埃及一样，马穆鲁克王朝成为叙利亚无可争议的统治者。

✝ 图 11.9 《拜伯尔斯》（保罗·基什内尔绘）。这位伟大的马穆鲁克苏丹、将军的军事实力在伊斯兰史上无人可敌。

拜伯尔斯生来是一个土耳其奴隶，长大后在埃及军中成为一名将军。1260年，艾因·贾鲁战役胜利之后不久，他就谋杀了马穆鲁克苏丹古突兹，夺取了埃及王位，直到1277年去世，拜伯尔斯才结束了他的统治者生涯。他为人勇敢而残忍，是一个不择手段却也才华横溢的军事领袖。他指挥军队取得了伊斯兰战争史上数次极为重要的胜利，击败的对手包括蒙古军队、基督教军队，以及叙利亚阿萨辛派。

1265年，拜伯尔斯对乌特雷默发起了进攻，他攻下了凯撒里亚、海法和阿尔苏夫。1266年，他占领了采法特，这个在过去25年中发展起来的领地，拥有160个村庄和1万名农民。"当拜伯尔斯占领了城堡，俘虏了圣殿骑士之后，他让他们在当晚决定，是皈依伊斯兰教还是选择死亡……每一个圣殿骑士都坚定选择宁死也不放弃十字架。"[2] 1268年，拜伯尔斯占领了博福尔、安条克、雅法、班亚斯，还有圣殿骑士团在巴勒斯坦的第一座城堡巴格拉斯。1271年，查斯蒂尔布兰科[1] 陷落。到1273年，叙利亚的每一座阿萨辛派城堡也都被拜伯尔斯的军队控制。直到1517年被奥斯曼土耳其人打败之前，马穆鲁克王朝一直统治着埃及。

---

① 即白堡。

✝

第十二章

最后一次东征：
第八次十字军东征

CHAPTER
12

教皇克雷芒四世在绝望中向所有欧洲的君主恳求帮助。国王路易九世此时已经54岁，有11个孩子，面对基督教的召唤，他再一次作出回应。他的家庭成员包括他的小孙子菲利普，绰号"美男子"的"公正王"，菲利普继承了祖父俊美的外貌以及他圣人般的性格。1270年7月1日，路易九世离开法国，开始了他的第二次十字军东征。7月17日，他抵达突尼斯的迦太基，在那里感染了痢疾，还发烧，并伴有抽搐。8月27日，路易九世死了，临终前用最后一口气低声呢喃着："耶路撒冷，耶路撒冷！"

1271年5月9日，英格兰的爱德华王子率领一支十字军抵达阿卡。拜伯尔斯刚刚占领了医院骑士团的骑士堡要塞，还有圣殿骑士团在萨菲泰的城堡。上一年夏天，因为路易九世带着他的军队抵达北非，拜伯尔斯不得不把注意力从巴勒斯坦的战场上转移开来。

✚ 图 12.1 英格兰的国王爱德华一世是一位强大的君主。参加十字军东征的经历为他赢得了圣殿骑士团的热烈支持。

因此，爱德华在此时进入北部地区似乎促使拜伯尔斯起意，与法兰克人签订了一份为期10年的休战协议。圣殿骑士团大团长纪尧姆·德·博让与拜伯尔斯签订了一份互不侵犯条约，在事实上令圣殿骑士在巴勒斯坦的地位化为乌有。

直到1277年拜伯尔斯去世，圣殿骑士团一直处于危机四伏的不利处境之中，并存的威胁——拜伯尔斯和旭烈兀——使法兰克人的军事力量降到了近两百年来的最低水平。然而，不合情理的是，圣殿骑士团偏偏又卷入了的黎波里伯国发生在1277年至1282年的一场内战之中。由于圣殿骑士团在毫无必要的情况下滥用武力，基督教中的许多人对纪尧姆·德·博让和圣殿骑士的态度发生了不可逆转的变化。在即将到来的10年里，他们的猜疑戒备将产生悲剧性的后果，我们很快就会看到这一点。

1281年，蒙古军队对马穆鲁克人发起了新的进攻。拜伯尔斯的继任者，苏丹盖拉温·马力克·曼苏尔为避免法兰克人与蒙古人结盟，在1282年向法兰克人提出了新的10年休战协议。然而，盖拉温违反停战协定，于1285年开始进攻法兰克地区。这时，乌特雷默的基督徒已经沦落到一个可怜的境地，一切道德的力量早已耗尽，以基督的名义通过圣战重新收复巴勒斯坦的

✞ 图 12.2 《战斗中的成吉思汗》（14 世纪画作）。成吉思汗是一位强大的征服者，他建立了王朝，拉希德丁感觉到了他的杀气，穆斯林的土地面临浩劫。

热情被与异教徒穆斯林通商的欲望所取代。1289 年，的黎波里居民邀请盖拉温干预他们的内政。盖拉温半推半就，要利用这个机会占领的黎波里。纪尧姆·德·博让通过自己的间谍网得知了苏丹的意图，他试图警告那些基督徒，但在他们眼里博让是如此不足信，这些基督徒拒绝相信他。盖拉温摧毁了的黎波里，杀死了这里的居民。颇具讽刺意味的是，施行如此恶行后，盖拉温却宣布休战协议仍然有效，软弱又饱受惊吓的基督徒接受了这种荒谬的说法。

1290 年，阿卡发生了暴乱，有几名穆斯林被杀。博让通过间谍网络得知，盖拉温正在集结军队，要来攻打阿卡。博让提议，为安抚马穆鲁克人，把骑士团和商人武装关押的基督徒囚犯交给苏丹，就说这些人制造了骚乱，既然这些囚犯已经面临死刑，不如用他们来拯救更多的人，博让觉得自己的主意很好。然而，他的计划遭到了拒绝。之后，博让私下与盖拉温谈判，以一个居民一枚金币的代价挽救阿卡。但是当他向众人宣布这一安排时，他们把他叫作叛徒。

✝ 图 12.3 《穆斯林战士》（14 世纪画作）。由菲我多西所作的波斯叙事史诗《列王志》展现了伊斯兰文化中的骑士精神及其重要性。

✝ 图 12.4 《穆斯林军队进攻阿卡》（14 世纪画作）。1291
年发生在阿卡的战争标志着西方军队最终失败，这场战争由
此终结了中世纪十字军东征。

盖拉温死于 1290 年 11 月，他的事业由儿子阿什拉夫继承，阿什拉夫发誓沿着父亲的足迹前进。1291年 4 月 15 日，阿什拉夫围攻了阿卡。当天，博让率领军队夜袭扎营的穆斯林军队。骑士的行动一开始是出其不意，但是在黑暗中他们被穆斯林帐篷的绳索缠住，又被击退了。5 月 18 日，穆斯林军队突破防线，攻入阿卡的城墙之内。圣殿骑士团与数量远超自己的敌人英勇作战，博让伤重而亡。

　　此时，只有位于城市西南部的圣殿城堡仍然被基督徒占据，幸存的圣殿骑士和一些加入他们的阿卡市民都聚集在那里，圣殿骑士团的军士长彼得·德·塞夫雷负责指挥。5 月 25 日，阿什拉夫向他和城堡的所有居住者提出，如果他们投降，就给他们一条生路，让他们安全前往塞浦路斯。塞夫雷同意并打开了城堡大门。马穆鲁克士兵进入城堡之后，狂性大发，大开杀戒，基督徒设法击退了他们。塞夫雷派神殿指挥官蒂巴德·德·高迪恩带着圣殿剩余的财物和圣物前往西顿。阿什拉夫又提出新的和平提议，这一次，塞夫雷离开城堡前去商谈条件，结果在剩下的守卫军队面前被斩去了头颅。苏丹的军队血洗城堡，1291 年 5 月28 日，阿卡陷落，所有还活着的人都被杀死了。

✝ 图 13.1 《雅克·德·莫莱》（19 世纪画作）。这位圣殿骑士团最后的
大团长生命中的最后几年总是为骑士团的惨痛遭遇而痛苦不已。

十

铩羽而归的圣殿骑士

CHAPTER

13

蒂巴德·德·高迪恩在西顿当选为圣殿骑士团大团长。当一支庞大的马穆鲁克军队出现后，1291 年 7 月 14 日，高迪恩带上圣殿骑士团剩余的财宝放弃西顿，前往塞浦路斯。8 月 3 日，撤离托尔托萨。1291 年 8 月 14 日，又遗弃了朝圣者城堡。两百年来，圣地第一次没有基督徒军队的存在。

1293 年 4 月，高迪恩去世后，雅克·德·莫莱被选为圣殿骑士团第二十三位，也是最后一位大团长。莫莱于 1244 年在法国出生，1265 年他加入圣殿骑士团，之后很快就被派往圣地。他直言不讳，批评自己在圣地所见。莫莱认为，圣殿骑士的职责就是与异教徒作战，与穆斯林签订的任何条约都是软弱的表现，说白了就是叛国。他公开蔑视博让和他通过外交进行的努力。在骑士团的 28 年，莫莱一直保持着此种固执己见的态度，他的表现也令骑士团里众多成员信服并坚定地认为他很适合领导圣殿骑士团。

1294 年，莫莱离开塞浦路斯，开始了为期三年的欧洲之旅。在这三年中，他与英国、法国、那不勒斯和阿拉贡的国王以及教皇会面，努力为圣殿骑士团争取支持，以便它能够在准备下一次十字军东征时重整旗鼓。莫莱成功地从各位国王那里获得了一些免税和进出口津贴的关照。教皇卜尼法斯八世出面调解圣殿骑士团和塞浦路斯国王亨利之间的争端，亨利声称圣殿骑士团驻在自己的领地里，所以自己对他们拥有管辖权。卜尼法斯八世允准圣殿骑士团在塞浦路斯享有与在叙利亚时同样的特权，他还提醒亨利想一想骑士团在保卫圣地时遭受的巨大苦难，告诫其要好好对待他们。

圣殿骑士竭尽全力去实现他们的目标。1291 年，他们在距离托尔托萨海岸两英里的岛屿鲁阿德上驻扎了一小股部队。骑士团努力提高自身的海军实力，还参与了对穆斯

✞ 图 13.2 《一位十字军的归来》（19 世纪画作）。身披圣殿骑士团披风，这位骑着马的战士在画家笔下成为战败的化身。（右页图）

✝ 图 13.3 《海战》（13 世纪画作）。一艘圣殿骑士团的单层甲板大帆船与另一艘船在海上作战。尽管不如医院骑士团那么重视海军舰队，但是圣殿骑士团的海军也是他们东征西讨的重要力量。

林的袭击。鲁阿德的守军逐渐壮大，直到 1302 年，一支马穆鲁克海军攻击此地，摧毁了鲁阿德的守军。1306 年，圣殿骑士参与在塞浦路斯发生的一场政治大阴谋，他们帮助埃莫里·德·吕西尼昂废黜他的兄弟国王亨利。医院骑士团作为埃莫里的代表加入了他们的行列。两个骑士团参与的意图是增强塞浦路斯作为十字军基地反制马穆鲁克人的力量。为此，圣殿骑士团也支持与蒙古人结盟，对抗马穆鲁克军队。

然而，长久以来对圣殿骑士团的仇恨现在已经公然表现出来，不再受到打击。处于失败之中的他们成为易受攻击的标靶。长期以来，由于独享教皇赐予的特权，人们一直以怀疑和厌恶的态度看待他们。圣殿骑士团享受到的教廷特权除了将骑士团与他们所在的社区隔离开来之外，还削弱了当地教区的收入，教皇的触手直接延伸到偏远乡村和村镇的生活中。能享受圣殿骑士团特权的既包括贵族出身的骑士，也包括现役的下层成员，超过 90% 的圣殿成员都是后者。这些人中许多都有无礼行为，这些行为可以算作是罪过，因此成为容易引起邻居敌意的导火索。最后，圣殿骑士团可观的财富和权力，与他们总体上屡战屡败的交战记录形成了鲜明对比。

圣殿骑士团因十字军东征而生。失利接踵而来，上帝究竟是否支持这项基督教事业，这个显而易见的疑问压在了虔诚的心上，越来越沉重。幻灭取代了热情，赞扬让位给了指责，既然十字军东征的成功使圣殿骑士团如明星般惊人崛起，那么东征的失败也相应预示着他们悲剧性的灭亡。在过去，圣殿骑士经受了一次又一次灾难性的失败，却每次都能复苏，但是失去指定他们保护的对象，这样的打击让他们再也没有恢复过来。勇敢也无法为失败开脱。

另外还有一个问题。根据估计，此时圣殿骑士团的成员包括 7000 多名骑士和军士、为他们服务的神父和团员，如果算上准团员和结盟的个体，这个数字将会更多；圣殿骑士团拥有至少 870 座城堡，还有教堂和房屋；[1] 他们在欧洲地位独立又有武装，这样的存在必然使局势变得紧张；圣殿骑士有权宣战，也有权以自己的方式缔造和平；国王不能命令他们为自己作战，他们也不用缴纳王室税收和通行费；尚停留在封建制度中的圣殿骑士团与日益增长的中央集权的君主制相脱离，成了这个时代的错误。

关于统一骑士团的提议

就像以往经常遇到的危机一样，失去巴勒斯坦成为推动新一轮十字军东征的催化剂。然而，这一次，这将给圣殿骑士团的骑士带来灾难性后果。在十字军东征期间，欧洲发生了巨大变化，封建主义逐渐演变为民族主义，基督教渐渐失去了对中世纪文化的铁腕统治，十字军东征的巨大财政负担最终促使君主和教会领袖寻求解脱。数个强国得出一个结论，圣殿骑士团、医院骑士团和条顿骑士团所有的财富和资产——包括成员和领导——或许可以通过整合在一起发挥出比分散时更大的效用。早在1248年，法国国王路易九世就提出过统一几个骑士团的建议。

在1274年的里昂会议上，需要考虑的议题之一就是对十字军东征持有怎样的态度。指路明灯是西班牙的神秘主义者雷蒙·卢尔，此人以前曾是一名骑士，

✝ 图 13.4 《雷蒙·卢尔》（14 世纪画作）。这位中世纪的神学家（1232—
   1315 年前后）是个有意思的人物，以"光明博士"的名号为人所知，卢尔
   曾是阿拉贡的詹姆斯一世宫廷中的一员，他后来成为一位隐修士，其后又成
   为方济各会教士。受到广博的穆斯林语言和宗教教育后，他精通喀巴拉（犹
   太教神秘主义体系）和炼金术。许多术士认为雷蒙·卢尔是玫瑰十字会的成员。

包括使用相当程度的武力，卢尔极力主张合并骑士团。教皇格列高利显然被卢尔的观点所说服，但格列高利于 1276 年去世，在接下来的 12 年里，先后出现了 6 位短命的教皇，因此，在统一骑士团一事上没有取得进一步的进展。1287 年，卢尔第一次向新加冕的法国国王——腓力四世提出了他的想法。

腓力四世和克雷芒五世

作为国王路易九世的孙子，1285 年，17 岁的"公正王"登基加冕为腓力四世，成为欧洲最有权势的国王。腓力四世对于权力为何物心知肚明，他善于操纵、狡猾、冷酷、聪明、果断，能看透人心，对"舆论操控术"的力量有着近乎现代的认识。与此同时，他的身上体现出了一个冷酷无情的政治家的心理素质。教会告诉人们，君王是上帝派来统治信徒的；他在加冕典礼上涂上了卡佩王朝传说中的圣油，又被全欧洲称为"法国最虔诚的基督徒国王"，这些文化信仰已经内化在腓力四世自己的心灵之中。

腓力四世面临极为窘迫的财政状况。作为一个世界强国，法国为它充满野心的发展付出了昂贵的代价。王室缺乏可预见的收入来源是封建制经济的特点，他

✝ 图 13.5 《法国国王"美男子"腓力四世》。腓力四世是圣殿骑士团覆灭背后的主要推动者，也是他们的死敌。

费尽心力，千方百计克服资金的长期匮乏。在从1290年开始的10年中，腓力四世仅仅靠操纵货币，就使这个王国的金属货币贬值了2/3。他开征了数目繁多的新税种，其中还包括全国性的营业税；他还对经营银行业的意大利伦巴第人和放债的犹太人征收特别税，这两个富裕的群体是他惯常借钱的对象。

腓力四世面临的财政困境使得他采取了前所未有的措施：向教会征税。这种做法让他直接与同样雄心勃勃的卜尼法斯八世产生了对立。1296年，卜尼法斯颁布了一项禁止向神职人员征税的谕令。作为回应，腓力四世禁止法国出口金条，从而有效切断了流向罗马的什一税。卜尼法斯于1303年将腓力四世逐出教会。教皇还打算停止全法兰西人的教权，禁止这个国家举行圣事活动。腓力四世拒绝依从。他在法国通过法律程序反对卜尼法斯，又趁卜尼法斯在位于阿纳尼郊外的夏宫度假时，签署批准令武装逮捕了教皇。这次突袭出动了1600名士兵，就发生在教皇准备向法国施加禁令的前一天。卜尼法斯时年已经86岁，身体虚弱，在得到阿纳尼本地人的解救脱困之前，他被监禁了3天，在遭遇这次袭击后不到一个月就去世了。[2]

纪尧姆·德·诺加雷领导了对卜尼法斯的突袭行动。

✝ 图 13.6 《教皇卜尼法斯八世》。这位教皇是中世纪教会与世俗国家争斗的受害者，或者说是殉道者。

BONIFATIVS
PP·VIII

他在 13 世纪 90 年代早期就加入了为国王腓力四世效力的行列，1302 年，他被任命为"王国首席律师"。诺加雷是一个狂热分子，擅长用魔法、异端邪说和性变态等指控来诋毁他的受害者们——都是那个年代很好用的罪名，可以用来挑起人们的非理性反应。

卜尼法斯的继任者是本笃十一世。在本笃面前，诺加雷承认是自己带人突袭了卜尼法斯。本笃因此恢复了腓力四世的教权，同时要求他必须把诺加雷逐出教会。此举大概对这位法国律师没有什么影响，因为此人对教皇的仇恨非常之深。那个年代的记载显示，诺加雷的父母都是卡特里派教徒，在阿尔比派被十字军征伐期间，二人被当作异教徒活活烧死了。

腓力四世面对教皇不同寻常的反抗行为戏剧化地表明了 14 世纪早期世俗的国王和罗马教皇之间的权力争夺。从 1073 年教皇格列高利七世神权至高的梦想到 1303 年卜尼法斯的无能为力，这场战争逐渐向有利于君主的方向转变。

阿卡陷落之后，雷蒙·卢尔改变了他起初重视和平转化异教徒信仰的想法。1292 年，他提出了一种十字军东征的新想法，由腓力四世或他某个儿子指挥统一的骑士团作战，新骑士团首领的地位可以经由世袭继承，也可以任命指派，团长统治耶路撒冷，是那里的王，将被称为勇士之王（Bellator Rex）。卢尔在腓力四世的宫廷里待了好几年，试图让自己的计划取得支持。

仅仅过了八个月，刚上任的本笃十一世就去世了。1305 年 11 月，腓力四世成功让波尔多大主教伯特兰·德·戈特当选教皇，称为克雷芒五世。克雷芒五世在腓力四世狠辣的掌控之下沦落为一个工具，在他任命的 24 位红衣主教中，有 23 位是法国人。到 1308 年，克雷芒五世登基 3 年多了，出于法国国王无休止的阻挠，他一直还没有去过罗马。迫于腓力四世的施压，克雷芒五世甚至把他的教廷从罗马迁到了法国南部的阿维尼翁（亚维农）。阿维尼翁原为教皇的封臣所有，从克雷芒五世开始有七位教皇把宗座设在此地，一直到 1377 年格列高利十一世返回罗马，这段时期被称为"巴比伦之囚"。

腓力四世的财政困难越来越大，1306 年 6 月，他宣布法国将恢复全价货币，物价立即上调了两倍。巴黎内外发生了暴力骚乱，愤怒的暴徒与皇家军队发生了致命的小规模冲突。腓力四世在圣殿骑士团巴黎分部躲避了 3 天，在这段时期里，他亲自体会到这个在他自己的法兰西王国中的"王国"的军事和财政实力（此前一年，腓力四世在妻子去世后申请成为圣殿骑

CLEMENS V,   Bertrand.de Gotho,
Burdegalensis, creat   die s.Iunij an.1305.
Sedit an.8.mens.10.   dies 16.Obijt die 20
Aprilis an.1314.Vac.   Sed.an.2.men.3.d.17.

✝ 图 13.7 《教皇克雷芒五世》。这一幅肖像画看起来捕捉到了此人软弱
又犹豫不定的个性。

✝ 图 13.8 阿维尼翁（维尔·夏佩尔摄）。从教皇克雷芒五世开始，一直
到 1377 年，这里都是教廷所在地。（右页图）

士团的成员，他的申请被拒绝了，此举如火上浇油，加深了他对圣殿骑士团的怨恨）。棘手的财务问题迫使腓力四世采取了另一项激进的行动，这是即将到来的诱惑的可怕预演——1306 年 7 月 21 日，腓力四世逮捕了全法国所有的犹太人。这次由诺加雷负责的全国性行动，成功为空空荡荡的王室金库注入了大量没收的资产和财富，还把法国国王欠犹太债主的许多债务一笔勾销。

教皇克雷芒五世于 1306 年 6 月 6 日发出信件，召集圣殿骑士团和医院骑士团的大团长前往普瓦捷觐见，讨论一场新的十字军东征。莫莱先去了巴黎，在巴黎圣殿骑士团存放了他的贵重物品，还会见了法国国王。显然，腓力四世对这位老战士又是奉承又是欺骗，使得后者在离开时还确信圣殿骑士团与法国王室之间会继续保持良好的关系。

莫莱前往普瓦捷拜见新教皇。腓力四世最近向克雷芒五世提出了一系列针对圣殿骑士团行异端邪说和不道德之事的指控。腓力四世向教皇保证这些指控是由一个可靠的证人提出的，他要求克雷芒五世对此事进行全面质询。克雷芒五世把情况告诉了莫莱。大团长反应激烈，不敢相信，他强烈否认骑士团曾经做出任何不当行为。教皇对他的回答十分满意。1307 年 7

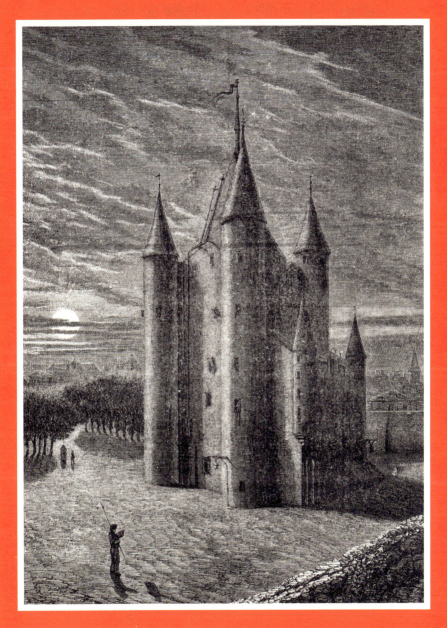

✠　图 13.9　《圣殿骑士团在巴黎的总部》（19 世纪画作）。

月，莫莱返回巴黎，参加分会的一次秘密会议，法国所有的圣殿骑士团分部都收到一份通告，提醒团里的兄弟们要遵守《圣殿骑士团教规》的要求，禁止与外人讨论任何骑士团内部机密。莫莱在 8 月底再次拜访了教皇，这次拜访可能加剧了局势变化，因为他要求教皇以为骑士团正名的名义再进行一次全面调查，澄清他一直以来所受到的诽谤和怀疑。

✝

第十四章

逮捕与审讯

CHAPTER

14

首先出面指控圣殿骑士团的证人是一个心怀不满的法国圣殿骑士团成员，埃斯昆·德·弗洛瓦兰，另外还有3位证人支持弗洛瓦兰的指控，这3人中有2个是曾经的圣殿骑士团骑士，还有一个是神职人员。1307年夏，腓力四世指派了12名间谍加入法国圣殿骑士团，据说这些间谍回报称圣殿骑士团受到的指控都是真实的。随后又有一些证人站了出来，各个都能说出一些骑士团犯下的罪过。

　　1307年9月14日，腓力四世向法国各地的警察发送了一道密封好的命令。国王要求人们做好准备，在1307年10月13日拂晓逮捕所有法国圣殿骑士。这则逮捕令中，指控圣殿骑士团煽动异端邪说、施行巫术、叛国和性变态，对上帝、基督、教会、欧洲以及普世道德准则都犯下了无法形容的罪行。这些指控由诺加雷一手写就，他现在已经被腓力四世晋升为法国

内阁大臣和掌玺大臣。他写这份措辞严厉的文件的目的就是要说服腓力四世治下的警察消除顾虑，下手对付那些受人尊敬的人——他们的邻居和朋友。

为了给自己的行为披上合法外衣，腓力四世声称，逮捕令是应法国宗教裁判所首席裁判长、多明我会修士诺加雷的要求制订的。尽管并没有直接的证据能够证明这个指名道姓的说法，但诺加雷在这件事上确实是一个积极的参与者。10年来，腓力四世一直试图控制法国的宗教裁判所，而诺加雷是国王的私人忏悔神父。作为宗教裁判所的主事者，诺加雷寻求世俗君主协助教会处理异端邪说是完全合乎法理的。

1307年10月12日，莫莱尚在国王腓力四世妻妹的葬礼上担任护柩者，10月13日星期五，他就和法国的所有圣殿骑士一起被关进了监狱，在大约5000名法国圣殿骑士中，只有不到20人逃脱。腓力四世骤然发难，免去长时间的调查，因为如果圣殿骑士团的成员尚是自由身，他们完全可以依靠法律手段保护自己。接下来，腓力四世使用了复杂的中世纪版本的政治操弄，引导大众对事件的解读。在逮捕发生的第二天，即10月14日，星期六，巴黎大学 ① 的教师，还有大教堂的教士在巴黎圣母院汇聚一堂，诺加雷还有其他数

---

① 前身为索邦神学院。

人向他们发表了讲话，历数刚刚被逮捕的圣殿骑士的种种罪行。10月15日，星期天，法国民众收到邀请，请他们来到王宫花园，国王的发言人和多明我会的裁判长向他们发表了讲话。法国各地都举行了类似的城镇集会，用来引导公众舆论。10月16日，星期一，腓力四世写信给基督教国家所有的国王和亲王，解释他的行为，并召唤他们在自己的领地采取与自己同样的做法，反对圣殿骑士团。

此时此刻，法国的"正当程序"大开滥用刑罚之门，

✝ 图14.2 巴黎圣母院（维尔·夏佩尔摄）。

进行审讯时，严酷的刑罚是公认的合法方式。宗教裁判所手段残忍，相信这是为了自己的神圣使命，圣殿骑士注定要灭亡。上级指示实施逮捕的法国世俗官员立即对圣殿骑士团成员开始审讯和上刑。几天之内，这些任务又被移交给了宗教裁判所。国王的人或多或少参与其中，根据宗教裁判所不同区域宗教人员的需求，程度有浅有深。

在此需要用一整段来描述中世纪酷刑极度残忍的事实。这一时期的刑罚中，一种是上刑架，是把受害者的脚踝和手腕绑在拉肢刑具上，绳子的另一端连着绞盘，随着摇动绞盘的曲柄，受刑者的手臂和腿会逐渐被拉伸直到脱臼。另一种臭名昭著的酷刑是吊刑，这种刑罚把人的双手用绳子绑在背后，然后把绳子的另一端扔上天花板的横梁，从上面穿过。受害者首先会被向上吊起，然后突然掉下来，接着又猛地从地板上被拉起几英寸，他的手臂和肋骨会骨折，肩膀和手腕会脱臼，有时候还可能让他的双脚或睾丸负重，增加痛苦。还有火刑，在犯人脚底涂上脂肪，然后把脚放在火上烧。一位圣殿骑士团的神父讲述了受刑过程中令人难忘的一幕：在经受了几天的酷刑折磨后，脚上的骨头脱落；参加听证会时，他把这些骨头带到了教皇的调查委员会面前。其他形式的酷刑还包括一些古老的刑罚，譬如严刑拷打、只给面包和水、不让睡觉、给人戴上镣铐或锁链、言语和精神上的虐待侮辱。受刑者一般处于极度肮脏的环境中，许多圣殿骑士死于狱中——一些在与日俱增的绝望中自戕。

到 1307 年 10 月 25 日，接近两个星期的监禁已经让这些倒下的战士做好了去面对第一幕悲剧的准备，在接下来的七年里，一场可怕的悲剧将把他们彻底摧毁。在那一天，莫莱在巴黎大学举行的一次赫赫有名的法学家大会上承认了圣殿骑士团的罪行。有些人认为莫莱认罪仅仅是出于对酷刑的恐惧，在一封日期为 1308 年 1 月的信中，他写道，自己所遭受的暴行包括被剥去背部、肚子和大腿上的皮。[1]

第二天，另有 30 位骑士团领导成员和其他被选出的圣殿骑士加入其中，他们的供词支持了莫莱的说法。他们作证说，骑士团的入会仪式包括否认基督、往十字架上吐口水、猥亵的亲吻以及崇拜丑陋的偶像——一颗人头。莫莱感谢"最虔诚的基督徒国王腓力四世"揭露了这些罪过，并写了一封公开信给骑士团的成员，命令他们忏悔。

11 月 9 日，圣殿骑士团税官、莫莱的副手雨果·德·佩罗招认了，他详细描述了著名的"圣殿骑士团之首"。他声称自己在法国从一个骑士团分部旅

✚ 图 14.3 《酷刑》（19 世纪画作）。没有法律可依靠，圣殿骑士成为法国国王恶性报复和宗教裁判所狂热情绪的受害者。

行到另一个骑士团分部，去到哪里都带着它。佩罗形容它有四只脚，两只在前面，两只在背后。其他人后来都说它实在太可怕了，难以描述：它有胡子，或者长着恶魔的脸；可能是两张脸，有两撮胡须；还可能是三张脸；它是银制的，眼窝里嵌着红色宝石，有陈年的皮肤纹理；摸起来非常光滑；它是一幅画，是一个黄铜或黄金雕像，像是一个女人。埃利法斯·李维根据圣殿骑士团之首设计了他的塔罗卡牌——鲍芙默神，一位雌雄同体的启蒙神。

✝ 图 14.4 《审讯德·莫莱》（19 世纪画作）。现代读者能够原谅这个悲剧人物的犹豫不决和困惑吗？他是一个如孩童般信仰着自己教会领袖和国家法律的受害者。

国王的人进行了彻底搜查，但他们在圣殿骑士团巴黎分部只发现了一颗头颅。那是一座巨大的、中空的、银色的女性半身像，半身像中有一个头骨，被包裹在一块红色亚麻布里，标着标签，上面写着"第五十八号头颅"。证词中有解释，说这是 1.1 万名殉道处女头骨中的一个。这里指的是在基督教早期时代殉道的圣女乌尔苏拉和她的 11 位同伴，圣女乌尔苏拉殉道后成为处女的主保圣人。由于文本的误译，11 名处女在

✚ 图 14.5 《圣殿骑士入会》（19 世纪画作）。这是对骑士团受到指控的罪名的理想化描述。人们认为圣殿骑士是欧洲的"自我阴影"。

✝ 图 14.6 《鲍芙默神》（19 世纪画作）。埃利法斯·李
维以这位传说中的神祇为原型创作神秘的启蒙神。对
于这位神祇，人们说法不一，据说圣殿骑士曾经对其
进行秘密膜拜。

传说中变成了 1.1 万名。[2]

圣殿骑士团排名第四的显要人物杰弗里·德·戈
讷维尔陈述，一位被穆斯林苏丹监禁的邪恶的大团长
命令骑士团做出否认基督和玷污十字架的行径，为了

让自己获释，那位大团长发誓从此之后会把拒绝基督引入圣殿骑士团的入会仪式。在后续的证词中，他认为这一习俗可能是对圣彼得三次否认基督做法的效仿。

1307 年 10 月 18 日至 11 月 24 日，在巴黎举行的审问中，共有 138 份证词得以保存下来，在所有的人当中，只有 4 名圣殿骑士坚称自己是无辜的。123 名圣殿骑士承认向十字架或者在十字架旁边吐口水。然而，绝大多数圣殿骑士团法国成员是处理后勤事务的中年人，他们没有作战经验，面对严刑拷打或类似的威胁，以及看到骑士团领袖丧气的样子，很快都承认有罪。1307 年的秋天，至少有 25 名圣殿骑士团巴黎分部成员死于酷刑。

腓力四世在 1307 年 10 月 16 日向欧洲其他君主发出的逮捕圣殿骑士的呼吁遭到了拒绝。他们很清楚他的性格，并不相信他。对腓力四世来说，自己行动的合法化少不了教皇克雷芒五世的力量。有了教会的认可，腓力四世洗劫圣殿骑士团的行为不仅不会受到惩罚，还会变得正当合法，看起来是克雷芒五世掌控着整个过程。至于圣殿骑士，他们指望着向教皇寻求保护，免受国王迫害，受到公正审判。莫莱许多年来一直抱有这种错误的希望。

1307 年 11 月 22 日，克雷芒五世颁发训谕《牧人

✝ 图 14.7 《圣乌尔苏拉成神》（15 世纪画作）。身边围绕着 1.1 万名神话中的处女，乌尔苏拉开始向天堂上升。

的优势》（*Pastoralis Praeeminentiae*），要求英格兰、爱尔兰、卡斯蒂尔、阿拉贡、葡萄牙、意大利、德意志和塞浦路斯的国王逮捕其境内的圣殿骑士并扣押他们的财产，但是一切都要以教皇的名义行事。克雷芒五世宣布，他将调查对圣殿骑士团的指控，如果事实证明这些指控毫无根据，自己会非常欣悦。教皇把自己置身于腓力四世卷起的飓风的中心。毫无疑问，腓力四世希望能在逮捕之后的几个星期内速战速决，而克雷芒五世的介入使这个过程延续了整整 7 年。

在法国展开的第一次教皇调查始于1307年12月，克雷芒五世派出了两位最高级的主教。 主教很快回报教皇一个令人震惊的消息：莫莱、佩罗和另外 60 个成员纷纷翻供，撤回了他们早先在严刑拷打下说出的供词。

就宗教裁判所而言，被告即有罪。没有什么机会，也没有人有兴趣来确定被告是不是清白无辜。被指控犯有什么罪就是犯有什么罪，没有准备辩护一说，也不允许请法律顾问。证人不愿意为被告作证，以免被视为共犯。控方证人倒是可以保持匿名。认罪是唯一可行的办法——如果不认罪，就必定会受到严刑拷打。在极少数情况下，经过拷打也不肯认罪的，会被视为受到恶魔引诱的异教徒而被逐出教会，然后被烧死在火刑柱上。如果有人在严刑后招认了罪行又翻供，同样的惩罚也在等待着这个不幸的灵魂，因为他被认为是一个故态复萌的异教徒，基督的报复随后就来。自首与忏悔就能够在受到惩罚之前得以与教会和解。

1308年2月，克雷芒五世叫停了法国宗教裁判所的工作，以收集截至2月之前所有的证据和法庭记录。教皇坚持认为，对圣殿骑士的起诉应该由一个独立的教皇调查委员会公正地进行。国王腓力四世则坚持认为圣殿骑士团的众人都有罪。他和诺加雷还发动了一场舆论战，利用匿名的小册子诋毁教皇克雷芒五世，指责他保护异教徒是因为自身腐败。1308年5月，腓力四世召开了三级会议。2000名贵族、神职人员和平民的代表在听了诺加雷整整一个星期的控诉之后，投票支持腓力四世的行动，支持打倒圣殿骑士团。

腓力四世带着一小队武装部队前往普瓦捷，要就这个问题与克雷芒五世会谈，国王向教皇施压，要求他让步。克雷芒五世回应说，他坚持自己的决定，一定要以合法和适当的方式进行处理。教皇宣称，自己憎恨异端邪说但同时也要履行维护公平的责任。腓力四世试图和解，说自己当然会服从克雷芒五世的权威，但是由于教皇没有监狱，腓力四世会帮助教皇把圣殿

✚ 图 14.8 《宗教裁判所的监狱》（19 世纪画作）。黑暗、绝望、全然的无助，在画家笔下表现得淋漓尽致。

骑士们关在法国的监狱里。他安排了 72 名经过挑选的圣殿骑士，把他们带到教皇面前，让这些人自行认罪。此举给教皇留了一点回旋的余地，克雷芒五世表示这些供词是可信的。接下来，教皇把调查一分为二。

一是教皇调查委员会负责对整个圣殿骑士团的裁决，该委员会将向预定于两年后召开的维埃纳大公会议提交报告。二是恢复自 2 月以来暂时停止运行的宗教裁判所，裁判所负责进行审判，判决圣殿骑士个人

✚ 图14.9 《异教徒被圣多明我判处火判》（15世纪画作）。多明我会创始人主持火刑，烧死异教徒。

有罪或无罪。第二类调查在教区一级地区议会进行，由当地主教主持，而地区主教都是由国王任命的。因此，腓力四世掌控着全法国的审问。

尽管克雷芒五世采取了各种策略挽回颜面，竭力突显教皇的独立性，但他对圣殿骑士团的成员并不真正关心。1308 年 8 月 12 日，他发表了控诉圣殿骑士的通谕《准予宽恕》（*Faciens misericordiam*）。文章中罗列了 127 项罪行，很多都互相重复。其中最严重的指控如下：

在圣殿骑士团的入会仪式上（或仪式后的某段时间），骑士团要求其新成员否认基督，或否认基督被钉死在十字架上，有时候又要求他们否认耶稣、上帝、童贞圣母，或圣人们。

圣殿骑士团教导成员称耶稣不是真神，是假先知，他没有在十字架上受苦，耶稣并不是为了救赎人类而死，而是死于他自己的罪，无论是候选人还是吸纳他入会的人都不能指望通过耶稣得到拯救。

在入会仪式上，候选人会被要求向十字架或者耶稣的画像吐口水。无论是在入会仪式上还是在其他时候，他们都会时而踩踏十字架，或者往十字架上撒尿。

圣殿骑士团的成员蔑视基督和正统的信仰，崇拜某只"特定的猫"。

✝ 图 14.10 《撒旦召唤他的军团》（18 世纪画作）。不朽的画家威廉·布莱克抓住了对圣殿骑士团指控的疯狂实质。

圣殿骑士团的成员不相信教会的圣礼。

圣殿骑士团的神父祝圣仪式做得不对，主持弥撒时说的话也不正确。

圣殿骑士团的大团长、税长甚至各分团的导师声称他们可以赦免骑士团成员的罪恶。

在圣殿骑士团成员的入会仪式上，候选人或者导师会亲吻对方身体的不同部位。

在圣殿骑士团，规定同性恋关系乃是合法关系，骑士团还指示其成员应当接受来自兄弟们的追求。

圣殿骑士团的人把一个偶像拜奉为他们的神和救主。根据描述，这个偶像有一个或多个人类的头，有时有三张脸，或者是一个骷髅。据信是这个偶像保护了圣殿骑士团，给了它财富，使树木开花，使大地欣欣向荣。

在圣殿骑士团的入会仪式上，骑士团的人会把一根细绳子缠绕在偶像周围，然后把绳子系在腰间紧贴衬衫或者直接贴肉，从不离身，以此表示他们对偶像的尊敬。

任何拒绝从事不正当行为或抱怨骑士团罪孽性质的人都会被圣殿骑士团的首领惩罚。

圣殿骑士团实行的忏悔形式把团员犯下的罪局限在骑士团范围内秘而不宣。

圣殿骑士团用不正当和不道德的手段牟利，并且拒绝给予必要的布施和招待。

圣殿骑士团的所有业务都是通过秘密会议在夜间开展，由于行事隐秘，上述错误只会更加猖獗。[3]

在地方议会努力对每一位圣殿骑士个人进行恶毒攻击的同时，教皇调查委员会于 1309 年 11 月 12 日在巴黎召开了第一次会议，审议圣殿骑士团的整体命运。委员会里由克雷芒五世任命的 8 位教会要人都得到了腓力四世的认可。没有人站出来捍卫圣殿骑士团。腓力四世的囚徒、所有的法国圣殿骑士团成员都在国王的看押之下，他们中也没有人急于邀请证人，为后者安排交通和食宿。

11 月 28 日，教皇调查委员会的第一次会议结束，此时，腓力四世已经完全放心，这个委员会不会成为一个让圣殿骑士团自我辩护起作用的法庭。1310 年 2 月 3 日，第二次会议开始。腓力四世命令狱卒把那些希望作证的囚犯都选出来。15 名圣殿骑士站出来，提出想要出庭为圣殿骑士团的清白无辜作证。突然，群情汹涌，足足有 597 名骑士团成员提出想为圣殿骑士团辩护。3 月 28 日，4 名团员被选为发言人，代表大家发言。

皮埃尔·德·博洛尼亚分别在 3 月 31 日和 4 月 7

✛ 图 14.11 《圣殿骑士遭火刑》（14 世纪画作）。听命于主
教的地方议会杀害那些在教皇调查委员会面前为圣殿骑士团
辩护的人，这些主教都是由腓力四世指派的。

日进行了冗长的陈述，他言辞激烈地否认了所有指
控。博洛尼亚解释，圣殿骑士团兄弟的所有供词都是
在遭受严刑拷打后被逼供出来的，他提醒委员会，在
视拷打为非法的国家，就没有出现指控骑士团的言论，
而国王和他的亲信出于宿怨可耻地制造了肮脏的谎言
攻击骑士团。博洛尼亚讲述了伤害巨大的酷刑对人类
精神的有害影响，酷刑剥夺了受害者自由思考的权

利，将圣殿骑士团的成员置于国王的监禁之下，让他们始终面临着被谋杀和被施刑的威胁，这是对司法公正的践踏。博洛尼亚表示，他反对腓力四世的大臣们出席宗教会议，因为连普通教徒都被明令禁止出现。最后，他提醒各位委员，两百年来，圣殿骑士团一直在为基督教服务。

到了1310年5月，在将近三年的时光里，形势第一次朝着对圣殿骑士团有利的方向转变。腓力四世迫于事态发展，又采取了另一种方式。5月11日，国王在巴黎附近重新组织了地方宗教委员会，这个委员会由他的另一个亲信——有权有势的王室内务大臣的兄弟——新近任命的桑斯大主教菲利普·德·马里尼领导。第二天，也就是5月12日，大主教马里尼宣布，54名圣殿骑士团成员，在教皇调查委员会面前为骑士团的清白作证的那些人，是故态复萌的异教徒，是罪人，因为他们否认了早些时候在酷刑下说出的供词。这些人立即被带到一片田野上活活烧死，临死时他们还在英勇地表明自己和圣殿骑士团的清白无辜。

在这场暴行的警示下，任何想要给圣殿骑士团出庭作证的人都变得缄默。与此同时，火刑仍在继续，几天之内，120人在火里化为灰烬。兰斯和鲁昂两地的大主教都是腓力四世任命的人，他们在自己的教区各自召开地方议会，无数的圣殿骑士因而丧命。后来人们发现博洛尼亚在监狱神秘失踪，他很可能是被谋杀了。教皇调查委员会第二次会议于5月30日休会。

1310年11月3日，当教皇调查委员会第三次，也是最后一次召开会议时，愿意为圣殿骑士团作证的人已经寥寥无几。1311年6月5日，教皇调查委员会向国王腓力四世提交了调查结果，上呈教皇的完整的听证会记录也已经准备好。调查委员会的结论是，对圣殿骑士团的指控没有得到证实，然而，有证据表明，骑士团的人确有异端行径，应该受到惩罚。这个结论对于腓力四世来说足够了。

1311年10月16日，推迟了一年的天主教大公会议在维埃纳召开，这场雄心勃勃的会议非常不受欢迎，被邀请的神职人员有1/3未能出席，受到邀请的欧洲皇室成员也无一人现身。很明显，克雷芒五世的担忧仅限于如何处置圣殿骑士团的财产，他也意识到自己迫切需要比已经收集到的证词更具有效力的证据。除了腓力四世的法国这样一个可怕的国家机器的所在地之外，在正对圣殿骑士团进行审判和调查的其他欧洲国家几乎没有确凿的证据证明圣殿骑士团的罪行。

克雷芒五世正式邀请圣殿骑士团的骑士为他们自己辩护，9个圣殿骑士出现在大会上为骑士团辩护，他们还陈述说有 1500～2000 名圣殿骑士团里的成员在等待为圣殿骑士团作证的机会。出席会议的教会成员，除了那些法国的神职人员，都希望允许辩护者当众作证，然而克雷芒五世命令当即逮捕 9 名辩护骑士，阻止后来者出现。

克雷芒五世对案件的不公正立场使得他在大公会议上无法取得支配优势，腓力四世失去了耐心。1312年 2 月，国王派代表向克雷芒五世表达他的担忧。3 月，腓力四世发出最后通牒，声称教皇调查委员会在上一年 6 月份发现的异端和其他罪行的证据表明必须镇压圣殿骑士团。

1312 年 3 月 20 日，腓力四世率军队来到维埃纳，以确保大公会议对圣殿骑士团做最后了结。3 月 22 日，维埃纳大公会议秘密召开了一次最高级的主教会议，克雷芒五世向参会的最高级的主教和高级教士发表了教皇训谕《至高之声》（*Vox in excelso*）。他在谕令中指出，尽管指控圣殿骑士团的证据并不能明确给骑士团定罪，但诉讼程序已经严重损害了骑士团的声誉，任何一个正派高尚的人都不会再考虑加入这个团体，这种状况会削弱信奉基督教的国家在圣地的努力，所以他必须取缔圣殿骑士团。红衣主教会议以 4/5 的多数票通过了解散骑士团的决议。4 月 3 日，克雷芒五世公开宣读了《至高之声》，圣殿骑士团解体。"尘埃落定。克雷芒五世发现到头来事情很简单。他用几句话在几分钟的时间里成功完成了所有伊斯兰军队都没有达成的任务。"[4]

不出所料，自第一波逮捕后，圣殿骑士团的财富遭到了系统性掠夺。掠夺者对定罪胸有成竹，授予财产的特许都被撤销了。食品、衣服、马匹、牲畜、动

✝ 图14.12 《雅克·德·莫莱和杰弗里·德·查尼遭火刑》（14世纪画作）。在撤回所有认罪后，骑士团大团长与诺曼底分团导师坚称圣殿骑士团是纯洁的，并为此英勇殉难。

产浮财乃至木材都被政府和教会没收。应该付给圣殿骑士团的租金由当局代收了好多年，原本应该偿还给这些被定罪的异教徒的欠债也已经都被免除了。

1312 年 5 月 6 日，克雷芒五世在教皇谕令《之前的调查》（*Considerantes dudum*）中颁布：将由教皇调查委员会决定圣殿骑士团领袖的命运，而骑士团的团员则将接受地方议会的审判。大多数幸存的骑士团兄弟都受到了相当温和的处理，那些清白无辜或自愿服从教会的人可以留在之前曾属于圣殿骑士团的房子里，他们甚至还可以从圣殿骑士团剩余的财产中获取养老金。只有那些拒绝认罪或认罪又翻供的人才会被视为异教徒而受到惩罚，被火烧死。许多勇敢的骑士选择了后者。

1314 年 3 月 18 日，圣殿骑士团的 4 个高阶领袖——大团长雅克·德·莫莱、法国税官雨果·德·佩罗、诺曼底分团导师杰弗里·德·查尼和阿基坦分团导师杰弗里·德·戈讷维尔——被带到巴黎的特别教皇调查委员会面前听审。这次听证会只是走形式而已，因为 4 位领袖均已多次招认，所以 4 人都将被判终身监禁。但是莫莱和查尼撤回了他们的供词，并且宣称骑士团清白无罪。因为这个举动，两人成了冥顽不灵的异端邪说者，罪名成立，他们两人被移交给国王的人，

† 图 14.13 卢维耶岛上圣殿骑士团大团长与诺曼底分团导师一同受刑之处。照片正中就是下图所示的纪念碑。（维尔·夏佩尔摄）

† 图 14.14 纪念圣殿骑士团大团长与诺曼底分团导师一同受刑的指示牌。（维尔·夏佩尔摄）

† 图 14.15 纪念圣殿骑士团大团长与诺曼底分团导师一同受刑的纪念碑。（维尔·夏佩尔摄）

当天晚上就上了刑场。莫莱和查尼怀着巨大的勇气，大声宣告着他们的无辜和清白，在塞纳河河中小岛卢维耶的火刑柱上被烧死。他们的英勇行为广受围观者的赞美和钦佩，人们虔诚地把两人的骨灰收集起来当成圣物。

似乎是为了证明这些曾经伟大战士的无辜，反对之前对他们的不公指控,圣殿骑士团很快就成了传奇。据说,一群坚称自己清白的圣殿骑士被带往处决地,他们在路途中正好碰到诺加雷经过。其中一位骑士大声诅咒邪恶的律师:8天后,诺加雷将被带到天庭,在上帝面前接受审判。8天后,诺加雷真死了。还有人说,莫莱在被火焰吞噬的时候发出了诅咒,如果圣殿骑士团是清白的,40天之内教皇就会蒙主宠召,而一年内国王会死掉,两人都会被传唤到上帝的法庭,为他们的罪行负责。克雷芒五世在33天后去世,而腓力四世死在8个月后,14年中,他的3个儿子相继继承他的王位,又都在这14年中一个接一个死去,卡佩王朝长达300年的统治就此结束了。

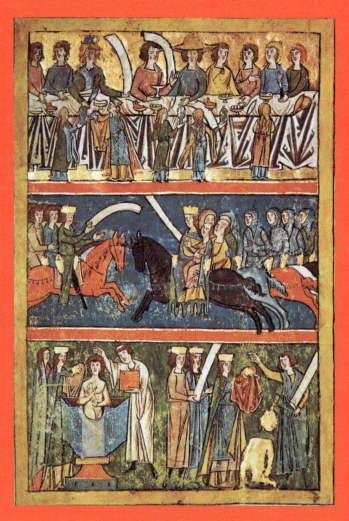

✝ 图 15.1 沃尔夫拉姆·冯·埃申巴赫（1170—1220 年前后）所
著《帕西法尔》手抄本中的一页。帕西法尔是一位安茹骑士加姆
雷的儿子。加姆雷曾经东行，服侍过巴格达哈里发巴鲁克，还与
一位非洲女王成婚，生下了东方最伟大的战士、圣殿骑士菲列菲斯。
而帕西法尔命中注定要成为圣杯王、西方最伟大的骑士。圣杯被
圣殿骑士们守护着，是探索骑士精神之旅的最高奖赏；"无论是谁，
想要圣杯，就带着自己的剑来取吧。"[1]

✝

第十五章

圣殿骑士的宝藏

CHAPTER

15

谈到圣殿骑士团，人们当然总是不可避免地会问他们有罪吗？其实应该换个问法：圣殿骑士可能犯了什么罪，他们当中谁是罪人？

　　关于这个问题的任何推测都必须运用常识判断。圣殿骑士的故事包含了人类经验光彩与不光彩的方方面面：英雄主义与胆怯懦弱，慷慨大方与贪得无厌，智慧狡黠与愚钝荒谬，谦虚谨慎与骄傲自大，自我否定与妄自尊大，抱负远大与甘于沉沦，一诺千金与背信弃义。为了不断章取义，我们得记住，在圣殿骑士团存在的200年中，几乎绝大多数的骑士团成员都是农民，而大多数的骑士也与神话中光辉伟岸的人物形象相去甚远。但从另一方面来说，我认为一些圣殿骑士确实拥有神话中骑士所特有的品质。

　　没有人能肯定地说指控圣殿骑士团的罪名是真是假，骑士团的成员是有罪还是无罪，这个问题将永远作为一个历史谜题而流传下去。是否有那么一种异端之术——或者通过全世界无数导师秘密口传心授，或者深深埋藏在每一位大团长和他所选择的精英的心底？——这正是法国国王和教皇所指控的圣殿骑士团所犯有的阴谋之罪。面对酷刑和监禁，许多骑士选择结束生命，骑士团也因为这些指控而毁于一旦。然而，我们唯一有确凿证据的阴谋乃是由国王腓力四世、教皇克雷芒五世和阁臣诺加雷织就。

几个世纪以来，历史学家、神秘学家、阴谋论者和其他人士都在猜想圣殿骑士是有罪还是无罪。就像是用石蕊检验酸碱度，这个问题已经成为一个区分对立阵营的直观手段。有些人认为圣殿骑士是神秘的光明天使，是文艺复兴以及后来所有思想运动的秘密倡导者；其他人则认为，圣殿骑士团早已经沦落成为一个邪恶的崇拜偶像的教派，骑士团精神留给后世的是一股仍然存在的、愤世嫉俗又不信神的无名力量，影影绰绰地体现在联合国和其他典型的世界政府组织的国际集权运动背后。还有一些人坚持所谓的理性主义者观点，披着这样一身光鲜亮丽的知识分子盔甲，这些持怀疑态度的历史学家的基本理念是，圣殿骑士确实是历史记载的一部分，他们在中世纪被消灭了，那些幸存下来的圣殿骑士可能有的加入了其他宗教团体，有的回到了世俗生活中去，他们最终都消失了，被世人所遗忘——时而被浪漫主义者时而被冒充内行的江湖骗子点燃，时不时溅出一两点火光，如同得了圣维塔斯舞蹈病一般，爆发出某种神秘的激情。具有这种思维定式的人指出，在圣殿骑士团内部，并没有文献记录能够证明异端教义或者可察知的"神秘传统"的存在。

身为历史学家同时也是文学家的G.莱格曼为圣殿骑士团的探讨带来了独特的学术创造力和幽默感。他写道，对于指控的某一部分，圣殿骑士团确实罪孽沉重——他们是基于路西法二元论原则的放荡同性狂欢的崇拜者，其中关键就是神秘的偶像鲍芙默神。为了支持自己的论点，莱格曼长篇累牍地引述学者兼考古学家托马斯·赖特发表于1866年的文章《生殖力量的崇拜》中关于圣殿骑士的章节。莱格曼和赖特都追踪了圣殿骑士备受指责的入会仪式，他们都从中看到了基督教早期教派诺斯替教和反基督教的异端对于男性生殖器的崇拜。赖特将早期基督教的异教徒学者所描述的淫秽仪式归因于"古代异教粗俗古老的风俗习惯与其后东方哲学家的野蛮教义过于自由的混合"[2]。他认为波斯摩尼教徒为了逃避迫害，从东方向西迁徙而来，建立了带有卡特里派性质的教派。赖特进一步将

✚ 图 15.2 《牧神潘和酒神狂女迈那德》。对圣殿骑士的指控
带有色情色彩，使人们对其真实性产生了许多怀疑。

中世纪的撒旦与希腊神话中的男性生殖之神普里阿普
斯联系在一起。

长期以来，诺斯替教雌雄同体的神性模型被各个
教派视为对教徒异性和同性之间接触的认可。认为圣
殿骑士团融合了早期的、基础广泛的、认为性具有魔

法的异教信仰的观点——这种异教信仰影响遍及伊斯兰教苏菲派神秘禁欲主义、佛教、印度教、犹太教的卡巴拉教派、道教、16世纪的巫术崇拜，以及20世纪杰拉德·加德纳和阿莱斯特·克劳利的行为——可能看起来很有意思，然而这正是我们在考虑承认圣殿骑士团信奉异端属实时所想到的，而不仅仅是腓力四世和德·诺加雷的创造。要完全否认这种可能性就像全身心地接受它一样，都很危险。

我认为证据指向一种解释，这种解释既不夸大历史和常识，也不牺牲自圣殿骑士团成立之日起就与骑士同在的神秘和浪漫。在这段历史中，存在着三个关键因素的影响，毋庸置疑，在任何试图接受我们所知的人类行为的讨论中，都要对这三个因素进行说明。

第一个因素是圣伯尔纳铎在订立《圣殿骑士团教规》时所运用的理论创造力，以及旨在吸引成员和施主而设计的宣传。圣伯尔纳铎采用了一种复杂的解释法，倾向于去探索、检验、创造宗教教义。一个由武装教士——既是战士又是神父——组成的军事性宗教团体，对于基督教来说是一个新的理念。骑士团神秘莫测的由来很容易让人想起《圣经·旧约》中大卫王的故事，在故事中，大卫杀死了歌利亚，大卫是服侍上帝的神圣的杀戮者。耶稣经常自比为战士，用军事进行类比,来说明沿着精神之路前进所需做出的承诺,必须是毫不含糊的。当他说:"你们不要想我来是叫地上太平;我来并不是叫地上太平,乃是叫地上动刀兵。"[3]他富于表现力地表达了与黑暗势力不懈战斗的

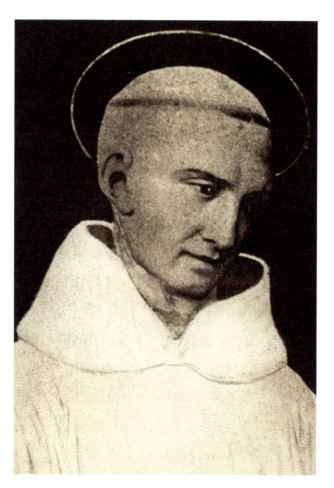

✚ 图 15.3 《圣伯尔纳铎》(19 世纪画作)。一个有独特的视
　 角和恰逢其时的追随者的男人。

必要性。

但是事实上，圣伯尔纳铎创造出了一个新的概念。这个概念既优雅又有活力，完美契合了当时环境下的人类社会、政治和精神需求。这个概念出现在长期文化停滞的末尾，大约是打开了一扇通往欧洲人蛰伏心灵的门，教会敞开身心张开怀抱接纳圣伯尔纳铎的精神之子。国王和贵族们投入到这个新的理想上。这不是科学，这是神学。欧洲基督教发生了翻天覆地的变化，这个新理念的创始人也因为自己的成就而被册封为圣徒。另一方面，圣徒精神上的孩子将受到诅咒，被人消灭。把圣殿骑士与其他两大骑士团——医院骑士团和条顿骑士团的骑士们明显区分开来的，是阳春白雪一样的圣殿骑士神话。圣殿骑士团的成立是心灵的创举，短暂地照亮了中世纪的欧洲；他们的毁灭是一场黑暗的事件，引起了同样的震动，只是方向相反。

第二个关键因素是，与圣地的接触对所有欧洲人，特别是骑士团的成员产生了影响。阿拉伯文化比处于黑暗时代中的欧洲文化要精致得多，不仅如此，在圣地，其他宗教信仰比比皆是。欧洲人在这里见到了神秘主义者、苦行僧、琐罗亚斯德教徒（拜火教）、诺斯替教徒、伊斯兰苏菲派教徒和佛教徒；对初来乍到的十字军人来说，眼前呈现的场景如同万花筒一般。将死气沉沉又迷信落后的天主教和他们所接触到的丰富多彩又复杂先进的东方理论加以比较，对更开化、更追求精神生活的骑士来说是不可避免的。对于基督教是否独享神恩这个问题，人们有了越来越多的怀疑，正统的观念逐渐被削弱。十字军和阿萨辛派最初开始接触时，后者正处于一步步颠覆传统的穆斯林信仰的过程中，这种行动透露出来的微妙感觉可能传染了他们的新朋友，由阿萨辛派发起的对伊斯兰正统教义的抵制，让人联想到控告者们对圣殿骑士团否认基督教正统教义的控告。[4]

骑士团是众多欧洲十字军团体中最稳定的存在。我们已经知道，当地的领主贵族出于自卫的需要已经接近耗尽家财，他们索性把土地和堡垒要塞捐献给了骑士团；欧洲的国王和贵族来这儿打一阵子仗，然后启程回家乡——这段经历无疑让他们收获颇丰——所以在这两个世纪的时光里，欧洲社会一定受到了与乌特雷默接触的影响。但更加不同的是，骑士团是一直驻扎在这个地区的，骑士团的成员们会学习语言，讨价还价做生意，结交朋友，达成政治联盟，阅读文学作品，探讨哲学话题，甚至悄悄有了情人。随着时间的推移，骑士团的成员中将会有在东方的生活时间长

✝ 图 15.4 《大卫杀死歌利亚》（12 世纪画作）。神圣的战士挥舞着正义之剑对抗邪恶力量是西方文化根深蒂固的思想。

于在欧洲的生活时间的人，他们在东方文化中浸泡的时间比在出生地更长久。

圣殿骑士问题中必须考虑的第三个关键因素是卡特里派教徒的影响。我们不断提到朗格多克——这个在圣殿骑士团的历史中经常出现、影响深远的地区。从圣殿骑士团最早期的宣传活动、满腔热忱的招募新人，再到他们在十字军征伐阿尔比派期间的卑劣行为，圣殿骑士的历史与朗格多克的历史密不可分。骑士团被招募而来，要消灭这股异端邪说，但是卡特里

✝ 图 15.5　《耶路撒冷》（12 世纪画作）。一片充满魅力和神话的土地，在这里，上帝用人身现世，虔诚又忠实的伙伴武装起来协助他，对黑暗力量发动战争。

派的基本教义又出现在骑士团被指控的那些罪名里。如果异端真的进入了圣殿骑士团，这是另一个可能的源头。譬如，圣殿骑士被指控行神圣之吻，就如同卡特里派教徒完人之间所行的和平之吻；向十字架上吐口水的罪名似乎与卡特里派仇恨被钉死在十字架上的耶稣形象一致；先用术语"鸡奸"指控卡特里派教徒，后来又用同性恋的罪名指控圣殿骑士团；在卡特里派的完人中，每月一次的集体忏悔——阿扎拉门图姆（apparellamentum）——似乎在圣殿骑士分团的系列行动中得到了回应；两者都拒绝家庭，也都公然对性持反对的态度。

唯信仰论的基督教教会当即选择十字架作为主要的象征贬低卡特里派对真理的追求。看似完美但其实令人厌恶的替代赎罪，可以视为是懦夫为自己的精神救赎牺牲无辜的替罪羊，受到鄙视完全可以理解。从卡特里派对肉体及其性本质的排斥到欣然接纳貌似放荡的转变，也不难推测，在人类生物心理需求的两种反应中，都存在着对禁欲主义的排斥——独身者在肉体上渴望性，放荡者在情感上渴望亲密关系和个体化的深情厚谊。

且让我们暂停，说些慎重的话，对圣殿骑士的无辜加以证明。有人说，圣殿骑士团并没有像卡特里派

✝ 图 15.6 《对弈的十字军人和穆斯林》（13 世纪画作）。本书插图 2.15 里的两个圣殿骑士在这里变成一位基督教战士和一位穆斯林战士。互为敌手的两个人离得多近啊！

一样，有那么多的殉道者义无反顾地为自己的异端信仰去死。然而莫莱纵然曾有摇摆不定，最终还是选择以殉道者的身份死去，为圣殿骑士团的清白疾呼，正如许多其他骑士团的成员一样，他们如果不撤回自己在严刑拷打下被迫做出的供词，完全可以轻易逃脱宗教裁判所的熊熊烈火。对于神秘学的后进末学来说，平静接受骑士团有罪的说法从而推演出一个浪漫的史学理论和创想，很可能要用到法国国王编造的诽谤和

✚ 图 15.7 十字军人的水罐。这种阿拉伯风格的设计出自巴勒斯坦的十字军之手。

谣言来玷污有关圣殿骑士团的往事。亨利·查尔斯·利指出，如果同意圣殿骑士团有罪的观点，从逻辑上来说，也就意味着赞同宗教裁判所后来对所谓的女巫的指控，他还敏锐地观察到，如果圣殿骑士团真的犯下了创立或传播反基督教教义的罪行，为了掩盖他们的异端邪说，他们反而会在骑士团里通过周密的安排逐层逐级一点一滴地向成员揭露这个秘密。他认为，要说有什么异端邪说会在新人第一次加入圣殿的时候就

✚ 图 15.8 罗屈埃菲克萨德镇广场（维尔·夏佩尔摄）。这是不是印度图腾中很常见的印度教标志林伽－约尼的卡特里派版本呢？

从老人的嘴里吐露出来，那是很荒谬的。[5]

我认为，是圣伯尔纳铎精神创造力的感染，接触丰富多彩的近东地区精神信仰的经历，以及持续不断的卡特里派异端思潮的影响，创造了圣殿骑士团内部的启蒙者团体，他们在已有的基督教成就上发展出了新的教义。虽然没有令人信服的证据能够证明确实有

✠ 图 15.9 《著名的圣殿骑士团图章——以志安贫乐道》（13世纪画作）。在得出圣殿骑士团持异端教义的最终结论之前，读者是否会再一次稍作停歇，去听一听大团长为证明圣殿骑士团清白无罪发出的嘶喊？

这么一条秘密的规则指引骑士犯下被指控的罪过，但这些地下精英，当他们接触到阿萨辛派神奇的原则时，会发现其中蕴含着一种值得他们全神贯注投入的精神财富。这些明眼人中有一些幸存了下来，就成了诺斯替－伊斯玛仪进入欧洲神秘主义的秘密渠道，在那里，这些异教留存至今仍在影响着西方的灵性智慧。我因此认为，这种灵性智慧才是传说中的圣殿宝藏真实的样子。

图 15.10 谜团仍未解开，笼罩在静默之下。

十

鸣

谢

斯特拉·格雷和艾玛·冈萨雷斯，如果没有她们，这本书就不会出版。她们在艺术研究上付出了那么多的努力，两个人无论是哪一位，我怎么多谢都不为过。当我找不到该有的写作角度时，斯特拉还立足于批判性的编辑角度帮助我进行判断，而艾玛则用她美学家的眼光帮助我确定本书的视觉内容。我很感激斯特拉的慷慨和做这个项目时表现出来的信心，至于艾玛，她是坚持、决心和能力活生生的化身。

我感谢维尔·夏佩尔和丽塔·夏佩尔夫妇愿意分享他们在欧洲考察圣殿骑士团历史的照片记录。大师级摄影师史蒂文·布鲁克在他精致的摄影作品中揭示了"圣地"的本质，并且为我提供了珍贵的技术指导。才华横溢的艺术家保罗·基什内尔赋予了数位伟大的穆斯林战士生命，在这些战士生活的时代和文化中，一般是禁止为人描绘肖像的。感谢真正的十字军东征学者大卫·尼科尔博士允许我使用他的照片。泰德拉·马布拉汗的《基督的酒》为这次收集带来了惊喜。我的朋友马丁·汉森，一个现代的圣殿骑士，帮助我进行英国部分的研究。比尔·布雷兹贡献了来自东方圣殿会档案馆的珍贵艺术品。唐纳德·威瑟帮我搜寻研究史料，艺术资源收藏丰富的珍妮弗·贝尔特向我伸出了友谊之手，这个项目因此得以完成。感谢布里奇曼艺术图书馆的埃德·惠特利给予的帮助，他使图书馆的作用得到最大程度上的发挥。自由者艺廊的科里·格雷斯尤其好心，还有信天翁航拍的艾迪·恩格尔，以及我的朋友《鱼鹰军事》的约翰·沃伦。英格兰和威尔士圣殿骑士大修道院的斯特拉·贝尔纳迪夫人慷慨拨冗并提供了圣殿骑士团的历史资源。艾玛提出，要特别感谢土耳其文化和旅游驻洛杉矶办公室的工作人员，以及默尔特·伊格伦和迈克尔·默菲，是他们的帮助促成了我们与伊斯坦布尔托普卡帕博物馆的联系，还有不厌其烦地帮助她的英格兰基督教圣体学院的吉尔·康奈尔，法国国家图书馆的莱伊克·勒·莫伊诺，以及西班牙国家遗产博物馆的乔治·德斯卡尔佐。

其中，学者们的专著作用甚大，比如，马尔科姆·巴伯，海伦·尼科尔森，J.M.厄普顿-沃德，约拿森·莱利-史密斯，斯蒂芬·朗西曼，法哈德·达夫特里，马绍·霍奇森，以及马尔科姆·兰博特；还有彼得·科斯和马尔科姆·比林斯的插画集。

我要感谢我的家人，当我为写作而着魔时，他们给予了我爱和耐心，善意的言语和微笑常常被我全身心投入的创造之火所掩盖。

乔恩·格雷厄姆的心灵和智慧之广博令人难以置信，我要再一次对他表示感谢。珍妮·列维坦可谓顶尖的出版专业人士。我认识埃胡德·斯珀林有 35 年多了，很难想象如果没有他的才华、奉献和多次传递给我的信心，我的生活会是什么样子。

十

注
释

本书第 7 页上的引文选取自圣伯尔纳铎写给雨果·德·帕英的信《对新骑士精神的赞美》，这封信写于 1135 年前后，收录于《圣殿骑士与阿萨辛派：天国之军》（丽莎·科芬译，詹姆斯·沃瑟曼著，罗切斯特：命运出版社，2001）一书中。

引 言

1. 选取自布什总统 2001 年 9 月 16 日白宫南草坪的讲话："这场东征，这场针对恐怖主义的战争要持续一阵子，美国人民一定要有耐心。"

2. 基地组织成立于 1998 年，严格来说这个组织叫作世界伊斯兰反犹太反基督教圣战阵线。见詹姆斯·沃瑟曼所著《为奴者受报应：对自由的反思》（纽约：塞赫麦特出版社，2004）一书中的"忆 2001 年 9 月 11 日"。

3. 这条戒律仍然有效。记者詹姆斯·莱辛在描述本·拉登内心对美国看法的改变时写道："最终，在 1990 年……波斯湾危机发生后，他完全转向美国的对立面。他把数十万美国以及其他国家的军队驻扎在沙特的领土上看成是对他的宗教深重的侮辱——这是野蛮的十字军又玷污伊斯兰圣地来了。"（《纽约时报》，1998 年 9 月 6 日版）。

第一章　第一次十字军东征及胜利成果

1. 斯蒂芬·朗西曼，《十字军东征史》（共三卷），1951；再版，伦敦：佛里欧学会，1994，第一卷，第 140 页。

第二章　圣殿骑士团

1. 引用自诺曼·坎托所著《中世纪的文明》，纽约：哈珀永久出版社，1994，第 34 页。

2. J.M. 厄普顿－沃德，《圣殿骑士的教规》，萨福克：博伊德尔出版社，1992，第 19 页。

3. 同上，第 19 页。

4. 爱德华·伯曼，《圣殿骑士：上帝的骑士》，韦灵伯勒：水族出版社，1986，第 30 页。

5. 厄普顿－沃德，《圣殿骑士的教规》，第 87 页。

6. 1877 年，德国共济会会员梅茨多夫出版了一本伪造的圣殿骑士《秘则》。他假装这本书是刚被发现的十三世纪手稿，这本书证明圣殿骑士团行种种异端之事，包括他们与卡特里派结盟，亵渎十字架，崇拜鲍芙默神，色情接吻，行礼诵读《古兰经》，等等。见彼得·帕纳，《被谋杀的魔法师：圣殿骑士和他们的神话》，牛津：牛津大学出版社，1981，第 161—163 页。

7. 厄普顿－沃德，《圣殿骑士的教规》，第 79 页。

8. 同上，第 112 页。

9. 《对新骑士精神的赞美》，沃瑟曼，《圣殿骑士与阿萨辛派》，第 279 页。

10. 同上，第 278 页。

11. 同上，第 280 页。

12. 同上，第 278 页。

13. 同上，第 283 页。

14. 亨利·查尔斯·利，《中世纪宗教裁判所的历史》（共三卷），1888；再版，纽约：罗素 & 罗素出版社，1955，第三卷，第 250—251 页。

15. 伯曼，《圣殿骑士：上帝的骑士》，第 80 页。

第三章　圣殿骑士团的壮大

1. 这种特殊待遇在之后的岁月中产生了问题，腐败堕落腐蚀了骑士团。被基督教教会开除的贵族们临终前花钱买骑士团团员的身份，这样他们就能在死后被埋葬在神圣的基督教墓地里，有效地回避了被逐出教会所带来的最严重的后果。

第四章　第二次十字军东征与叙利亚阿萨辛

1. 一本阿拉伯小说参照了马可·波罗的讲述，这本小说写于 1430 年，人们错把这本小说当作马可·波罗所讲故事的来源。（见约瑟夫·冯·海默－帕格斯托尔，《阿萨辛派的历史》，1835 年再版，纽约：伯特·富兰克林，1968]，第 136 页；法哈德·达夫特里，《阿萨辛派传说》，伦敦：托里斯出版社，1995，第 118—120 页。）四百多年来，人们写阿萨辛派故事时最常参照的就是马可·波罗的书。

2. 说来奇怪，如果海默－帕格斯托尔描述的准确的话，这些也是阿萨辛派传教士们服装的色彩。他说白色代表纯洁奉献，而红色代表鲜血和谋杀。见《阿萨辛派》，第 56 页。

第五章　萨拉丁的崛起

1. 马尔科姆·巴伯，《新的骑士精神》，剑桥：剑桥大学出版社，1994，第 89 页。

2. 达夫特里，《阿萨辛派的传说》，第 68 及 71 页；达夫特里，《伊斯玛仪：历史与教义》，剑桥：剑桥大学出版社，1994，第 398 页。

3. 伯纳德·刘易斯，《阿萨辛派：伊斯兰教中激进的一支》，纽约：巴西克出版社，1968，第 116—117 页。

4. 斯蒂芬·豪沃斯，《圣殿骑士团》，伦敦：柯林斯出版公司，1982，第 145 页。

5.《对新骑士精神的赞美》，沃瑟曼，《圣殿骑士与阿萨辛派》，第 285 页。对杰勒德行为的辩解由巴伯在《新的骑士精神》一书第 181 页中提出。

第八章　阿尔比派异端

1. 马尔科姆·兰博特，《卡特里派》，牛津：布莱克韦尔出版公司，1998，第 43—44 页。

2. 同上，第 21 页。

3. 约瑟夫·R.斯特雷耶，《讨伐阿尔比运动》，安阿伯：密歇根大学出版社，1992，第 143—150 页，提供了卡特里派仪式部分的摘录。

4.《圣经》詹姆斯王钦定译本，《马太福音 3：11》及《使徒行传 1：5》。

5. 兰博特，《卡特里派》，第 69 页。

6. 斯特雷耶，《讨伐阿尔比运动》，第 75 页。

7. 诺尔曼·孔恩的《千禧年的追求》是一本备受推崇的、研究十一世纪到十六世纪欧洲基督教异端教派的著作。

8.《圣经》詹姆斯王钦定译本，《提摩太后书 2：19》，《民数记 16：5》，兰博特在他的著作《卡特里派》一书的第 103 页引用了圣经中的这两个段落对教皇使节的声明加以佐证。

第九章　第五次十字军东征与圣人方济各

1. 巴伯认为它已经被归还了。见《新的骑士精神》第 130 页。

第十一章　第七次十字军东征与马穆鲁克将军拜伯尔斯

1. 克里斯托夫·马歇尔，《拉丁王国的战争，1192—1291》，剑桥：剑桥大学出版社，1992，第 41 页，引用自《罗特林手抄本》中对那个年代的描述，《1229—1261 年间纪尧姆·德·提尔的续章》。

2. 约翰·J.鲁滨孙，《在血中诞生》，纽约：埃文斯出版公司，1989，第 60 页。

第十三章　铩羽而归的圣殿骑士

1. 巴伯，《新的骑士精神》，第 1 页。

2. 为帮助读者了解腓力四世对卜尼法斯的做法，介绍一些相关背景：878 年，教皇若望八世被一位贵族囚禁饿死，这位贵族为神圣罗马帝国皇帝的职位推荐了一名候选者，正寻求教皇的允准。897 年，教皇司提反六世把前任教皇的尸身从墓里挖出来，套上礼服，接受教会委员会的审判，委员会审判确认前任教皇有罪，把这具尸身剥光肢解，扔进了台伯河。罗马当年就发生暴乱，司提反入狱，被绞死在囚室中。一个世纪之后，既是德国国王又是神圣罗马帝国皇帝的奥托一世废黜了教皇若望十世，挖出教皇的眼睛，割下他的舌头，把他倒放在驴上，在罗马的大街小巷游街。1052 年，教皇利奥九世被囚禁九个月。1075 年，教皇格列高利七世在做圣诞弥撒时被一位罗马贵族的手下殴打并被带走。

第十四章　逮捕与审判

1. G. 莱格曼，《圣殿骑士团之罪》，纽约：巴西克出版社，1966，第 16 页。

2. 同上，第 94 页。

3. 莱格曼指出，这些控告的有趣之处在于它们好像百科全书一样，如果腓力四世和德·诺加雷只是要毁掉骑士团，那否认基督和亵渎十字架的罪名足以置他们于死地。莱格曼还提出疑问，为什么没有再给骑士团加上当时常见的罪名，譬如对牲口施魔法、谋杀儿童、计划刺杀国王、放高利贷以及金融诈骗？见《圣殿骑士团之罪》，第 305 页。

4. 豪沃斯，《圣殿骑士团》，第 305 页。

第十五章　圣殿骑士的宝藏

1. 图片说明:《帕西法尔》,沃尔夫拉姆·冯·埃申巴赫著,海伦·M.马斯塔德与查尔斯·E.帕西奇译,纽约:古典书局,1961,第 269 页。

2. 托马斯·赖特,《对生殖力的崇拜》,见《对男性生殖崇拜的论述》,理查德·帕英·奈特,1865。

3.《圣经》詹姆斯王钦定译本,《马太福音 10:34》。

4. 参见沃瑟曼《圣殿骑士与阿萨辛派》第 116—120 页关于耶稣复活的讨论。

5. 利,《中世纪宗教裁判所的历史》第三卷,第 268 页。

十

参考文献

Barber, Malcolm. *The New Knighthood*. Cambridge: Cambridge University Press, 1994.

——. *The Trial of the Templars*. Cambridge: Cambridge University Press, 1978.

Billings, Malcolm. *The Cross and the Crescent*. New York: Sterling Publishing, 1990.

Brooke, Steven. *Views of Jerusalem and the Holy Land*. New York: Rizzoli, 1998, and revised paperback, 2002.

——. *Views of Rome*. New York: Rizzoli, 1995.

Burman, Edward. *The Assassins: Holy Killers of Islam*. Wellingborough: Aquarian Press. 1987.

——. *The Templars: Knights of God*. Wellingborough: Aquarian Press, 1986.

Cantor, Norman F. *The Civilization of the Middle Ages*. New York: Harper Perennial, 1994.

Cohn, Norman. *The Pursuit of the Millennium*. 3rd ed. New York: Oxford University Press, 1970.

Coss, Peter. *The Knight in Medieval England*

1000—1400. Conshohocken, PA: Combined Books. 1993.

Daftary, Farhad. *The Assassin Legends*. London: I. B. Tauris &Company, 1995.

——. *The Ismailis: Their History and Doctrines*. Cambridge: Cambridge University Press, 1994.

——, ed. *Medieval Ismaili History and Thought*. Cambridge: Cambridge University Press, 1996.

De Lacy, O' Leary. *A Short History of the Fatimid Khalifate*. 1923. Reprint, Delhi: Renaissance Publishing House, 1987.

Durant, Will. *The Age of Faith*. Vol. 4 of *The Story of Civilization*. New York: Simon and Schuster, 1944.

——. *Caesar and Christ*. Vol. 3 of *The Story of Civilization*. New York: Simon and Schuster, 1950.

Eschenbach, Wolfram von. *Parzival*. Trans. with introduction by Helen M. Mustard and Charles E. Passage. New York: Vintage Books, 1961.

Franzius, Enno. *The History of the Order of the Assassins*. New York: Funk & Wagnalls, 1969.

Hammer—Purgstall, Joseph von. *The History of the Assassins*. 1835. Reprint, New York: Burt Franklin, 1968.

Hodgson, Marshall G. S. *The Order of Assassins*. The Hague: Mouton, 1955.

Howarth, Stephen. *The Knights Templar*. London: Collins, 1982.

Hutchet, Patrick, *Les Templiers: De la gloire à la tragédie*. Rennes: Editions Ouest—France, 2002.

Keightley, Thomas. *Secret Societies of the Middle Ages*. 1837. Reprint, Boston: Weiser Books, 2005.

Khayyam, Omar. *The Rubaiyat*. Trans. and ed. Edward Fitzgerald. New York: Coiller Books, 1962.

Knight, Richard Payne and Thomas Wright. *A Discourse on the Worship of Priapus*. 1865. Reprinted as *Sexual Symbolism, A History of Phallic Worship*. New York: The Julian Press, 1961.

Lambert, Malcolm. *The Cathars*. Oxford: Blackwell Publishers, 1998.

Lea, Henry Charles. *A History of the Inquisition of the Middle Ages*. 3 vols. 1888. Reprint. New York: Russell & Russell, 1955.

Legman, G. *The Guilt of the Templars*. New York: Basic Books, 1966.

Lewis, Bernard. *The Assassins: A Radical Sect in Islam*. New York: Basic Books, 1968.

———. *The Crisis of Islam: Holy War and Unholy Terror*. New York: The Modern Library, 2003.

Lings, Martin. *Muhammad: His Life Based on the Earliest Sources*. New York: Inner Traditions, 1983.

Marshall, Christopher. *Warfare in the Latin East, 1192—1291*, Cambridge: Cambridge University Press, 1992.

Matarasso, Pauline, trans. *The Quest of the Holy Grail*. Middlesex, UK: Penguin Books, 1975.

Michelet, Jules. *Satanism and Witchcraft*. Trans. A. R. Allinson. New York: Citadel Press, 1946.

Nasr, Seyyed Hossein, ed. *Ismaili Contributions*

to Islamic Culture. Tehran: Imperial Iranian Academy of Philosophy, 1977.

Nicholson, Helen. *Knight Templar 1120—1312*. Oxford: Osprey Publishing, 2004.

——. *The Knights Templar: A New History*. Phoenix Mill: Sutton Publishing Ltd. , 2001.

Nicolle, David. *The Crusades and the Crusader States*. Oxford: Osprey Publishing, 1988.

——. *Knights of Outremer 1187—1344* A. D. Oxford: Osprey Publishing, 1996.

Partner, Peter. *The Murdered Magicians: The Templars and Their Myth*. Oxford: Oxford University Press, 1981.

Paynes, Robert. *The Dream and the Tomb*. Chelsea: Scarborough House, 1991.

Read, Piers Paul. *The Templars*. New York: St. Martin' s Press, 1990.

Riley-Smith, Jonathan, ed. *The Atlas of the Crusades*. New York: Facts on File, 1990.

——. *The Oxford Illustrated History of the Crusades*. New York: Oxford University Press, 1995.

Robinson, John J. *Born in Blood*. New York: M. Evans & Co. , 1989.

——. *Dungeon, Fire and Sword*. New York: M. Evans & Co. , 1991.

Runciman, Steven. *A History of the Crusades*. 3 vols. 1951. Reprint, London: The Folio Society, 1994.

Simon, Edith. *The Piebald Standard*. London:

White Lion Publishers Limited, 1976.

Stern, Samuel M. *Studies in Early Ismailism*. Jerusalem: The Magness Press, Hebrew University; Leiden: E. J. Brill, 1983.

Strayer, Joseph R. *The Albigensian Crusades*. Ann Arbor: University of Michigan Press, 1992.

Turnbull, Stephen. *Tannenberg 1410: Disaster for the Teutonic Knights*. Oxford: Osprey Publishing, 2003.

Upton-Ward, J. M. *The Rule of the Templars*. Suffolk: The Boydell Press, 1992.

Wasserman, James. *The Slaves Shall Serve: Meditations on Liberty*. New York: Sekmet Books, 2004.

——. *The Templars and the Assassins: The Militia of Heaven*. Rochester: Destiny Books, 2001.

Weston, Jessie L. *From Ritual to Romance*. Garden City Doubleday Anchor Books, 1957.

Wise, Terence. *The Knights of Christ*. Oxford: Osprey Publishing, 1984.

十

图片来源说明

All chapter decorations: Stained glass window with Templar Seal. La Couvertoirade, France.Photo by Vere Chappell.

Frontispiece: Rider on the White Horse, ca.1310—ca.1325.From the Apocalypse.Roy.19.B.XV.Folio No: 37 (detail). © The British Library. Photo Credit: HIP / Art Resource. NY.

Introduction

I.1 Painting by Dominique Papety, (1815—1849)Salon of 1845.Inv.: MV 402.Photo: Gérard Blot. Chateaux de Versailles et de Trianon, Versailles, France Photo Credit: Réunion des Musées Nationaux / Art Resource, NY.

I.2 Mosaic from cupola.Baptistry, Florence, Italy. Photo Credit: Erich Lessing / Art Resource.

I.3 Training in Knightly Skills, MS 264, fol. 82v., Bodleian Library, London

I.4 The Jousts of St. Inglevert. 1390, Harley 4379. Folio No: 23v. Min. British Library' London. Photo Credit: HIP

/ Art Resource, NY.

I.5 From a Latin psalter compiled for Westminster Abbey ca.1175−ca.1200.Royal 2.A. XXII. Folio No: 220. British Library, London. Photo Credit: HIP / Art Resource, NY.

I.6 From a manuscript of *Le Roman de Lancelot du Lac*. The Pierpont Morgan Library, New York, MS 806, f.262.

I.7 Devils seizing the soul of a knight at a tournament MS Royal 19 C I fol. 204v. British Library, London.

I.8 From *The History of the Siege Jerusalem*, ms.fr 2629 fol.171, 1470.Bibliotheque Nationale, Paris.Photo Credit: Giraudon / Art Resource, NY.

I.9 From *History of the World*, Volume 3, by John Clark Ridpath.

I.11 From *Les Voyages d'Outremer*. France, 15th CE. Ms.fr.9087, f.85v. Bibliotheque Nationale, Paris.Photo Credit: Snark / Art Resource, NY.

I.20 Mosaic in the south gallery, 12th century.Hagia Sophia, Istanbul, Turkey.Photo Credit: Erich Lessing / Art Resource, NY.

I.21 *Codex Justinianus; Institutes, descriptio terrae sanctae*. Italian. 14th century.Biblioteca Capitolare, Padua, Italy Photo Credit: Erich Lessing / Art Resource, NY.

Chapter 1: The First Crusade

1.1 Miniature from the *Roman de Godefroi de Bouillon*. 1337. Ms. fr. 22495, fol.15. Bibliotheque Nationale, Paris.

Photo Credit: Giraudon / Art Resource, NY.

1.2 From *Abreviamen de las Estorias; a summary of Universal History, from the creation of the world to the death of the Emperor Henry VII*. Eger. 1500.Folio No: 45v.British Library, London. Photo Credit: HIP / Art Resource, NY.

1.3 From *History of the World*, Volume 3, by John Clark Ridpath.

1.4 From Guillaume de Tyr(c.1130—1185)(vellum)Fr. 2630 f. 22v. Bibliotheque Nationale, Paris.

1.5 William of Tyre, *Histoire d'Outremer*, MS Yates Thompson 12 fol. 29. The British Library.

1.6 Ms.fr. 352, f. 62. Bibliotheque Nationale, Paris. Photo Credit: Snark / Art Resource, NY.

1.7 From *The Crusades of Godefroy de Bouillon*. Fr 9084 f. 20v. Bibliotheque Nationale, Paris. Bridgeman Art Library.

Chapter 2: The Knights Templar Order

2.1 Photo by Antiqua, Inc. Woodland Hills, CA.

2.2 Painting by Henri Charles Lehmann, (1814—1882)1841. Chateaux de Versailles et de Trianon, Versailles, France.Photo Credit: Réunion des Musées Nationaux / Art Resource, NY.

2.7 Detail of the virgins traveling to Rome from the altarpiece of the Martyrdom and Execution of St. Ursula, in the sacristy(mural painting)by the Master of the Conquest of Mallorca. Basilica de San Francesco, Mallorca, Spain.

Bridgeman Art Library.

2.8 Painting by Jean Fouquet, (c.1415 / 1420—1481). From *Le Livre d'Heures d'Etienne Chevalier*, *The Suffrage of the Saints*. Ms 71; fol.39.Photo: R.G.Ojeda.Musee de la Ville de Paris, Musee Carnavalet, Paris, France Photo Credit: Réunion des Musées Nationaux / Art Resource, NY.

2.10 Painting by Francois Marius Granet (1775—1849). Chateaux de Versailles et de Trianon, Versailles, France Photo Credit: Réunion des Musés Nationaux / Art Resource. NY.

2.11 Matthew Paris's sketch from his *Historia Anglorum*. Ref.: BM Royal MS.14 C vii f.42v. © The British Library.

2.12 Fresco.S.Bevignate, Perugia, Italy.Photo Credit: Alinari / Regione Umbria / Art Resource, NY.

2.13 Painting of St. Benedict, Anonymous, 11th century. S.Crisogono, Rome, Italy Photo Credit: Scala / Art Resource, NY.

2.15 From a manuscript of Alfonso X of Castile's Libro de *Ajedrez, dados y tables*. Biblioteca del Monasterio de Le Escorial, Madrid, Spain.Ref.: MS.T. 1.I 6, fol.25. © Patrimonio Nacional, Spain.

2.16 Cathedral St.Lazare, Autun, France.12th century. Photo Credit: Foto Marburg / Art Resource, NY.

2.17 From *the Luttrell Psalter*. ca.1300—ca.1340. Add. 42130. Folio No: 202v. Min. British Library, London. Photo Credit: HIP / Art Resource, NY.

2.18 From an English *Apocalypse*, ca.1270 Bodleian Library, Ms. Douce 180 f. 88, Oxford.

2.19 Scene from I Sam. XXX: 16—19. France(probably Paris), ca.1250 CE. MS.M.638, f.34v.The Pierpont Morgan Library, NY. Photo Credit: The Pierpont Morgan Library / Art Resource, NY.

2.20 Scene from I Sam.XVII: 20—22.MS.638 fo.27v. The Pierpont Morgan Library, NY. Photo Credit: The Pierpont Morgan Library / Art Resource, NY.

2.21 Cover of *Templar Inquest Book*, 1185.Ref.: PRO. Miscellaneous Books, series 1 E.164, Number 16. © Public Record Office. London.

2.22 Initial C, 13th century. Sloane. 2435. Folio No 85. Min. British Library, London. Photo Credit: HIP / Art Resource.NY

Chapter 3: The Growth of the Knights Templar

3.10 Illumination by Basil.Latin Kingdom of Jerusalem ca.1113—1143.BL.MS Egerton 1139, fo.12v.The British Library.

3.11 From *Universal History* of William of Tyre, Acre ca.1284 AD. Bibliothèque Nationale, Paris. MS. Fr. 9084, f.182v.

3.17 Reproduced by permission of Osprey Publishing, Men—at—Arms#155: *Knights of Christ*, Osprey Publishing. www. ospreypublishing. com.

Chapter 4: The Second Crusade and the Syrian Assassins

4.1 From *History of the Order of Assassins*, Enno Franzius, Funk & Wagnalls, 1969.

4.2 Illustration on vellum by Boucicaut Master, (fl.1390—1430)(and workshop)Ms. Fr. 2810 f.17.Bibliotheque Nationale, Paris.Bridgeman Art Library.

4.3 From *Jami al−Tavarikh*, by Rashid al−Din, MS Treasury 1653, fol. 360v. Persian, early 14th century Topkapi Saray Museum, Istanbul.

4.4 Miniature from *the Roman de Godefroi de Bouillon*, 1337.Ms.Fr.22495, f.235v.Bibliotheque Nationale, Paris. Photo Credit: Snark / Art Resource, NY.

4.5 From the 15th century manuscript *Les passages d'Outremer*. Bibliotheque Nationale, Paris. Photo Credit: Snark / Art Resource, NY.

4.6 Painting by Francois−Marius Granet, (1775—1849).1844(oil on canvas). Chateau de Versailles, France. Lauros / Giraudon.Bridgeman Art Library.

4.7 From William of Tyre, *Histoire de Jérusalem*, MS 9087, fo.206.Latin Kingdom of Jerusalem.ca.1250. Photo Giraudon, Paris. Bridgeman Art Library.

4.10 How Lord John of Acre Was Keeping Watch on Some Saracens Who Requested Baptism.1325—1330.Roy.16.

G.VI, fol.101 v © British Library. Photo Credit: Erich Lessing / Art Resource, NY.

Chapter 5: The Rise of Saladin

5.2 After a contemporary miniature ca.1180.Ann Ronan Picture Library, London.Photo Credit: HIP / Art Resource. NY.

5.4 Miniature from the *Roman de Godefroi de Bouillon*. 1337. Ms.fr.22495, fol.229.Bibliotheque Nationale, Paris, France, Photo Credit: Giraudon / Art Resource, NY.

5.5 Miniature from ms of Jacquemark Giélée's *Renart le Nouvel*(1289). Bibliothéque Nationale MS Fr.371 f. 59; © Bibliothèque Nationale.

5.6 Erich Lessing / Art Resource, NY.

5.7 Photo Credlit: From Matthew Paris's *Chronica Majora*.Cambridge, Corpus Christi College MS.26, page 279[140]bottom right margin. © The Master and Fellows of Corpus Christi College, Cambridge.

5.8 *Passages Faits Outremer* by Sébastien Mamerot. Ms.Fr.5594 f.197. Bibliothèque Nationale, Paris.

Chapter 6: The Third Crusade and Richard the Lionhearted

6.1 Tombs of the Plantagenet Kings. Colored stone.13th century.Fontevrault, France.Photo Credit: Erich Lessing / Art Resource, NY.

6.2 Engraving by A.Sandoz, in *Illustrated History of England*, by John Cassell. Mary Evans Picture Gallery.

6.3 From *Chroniques de France ou de Saint Denis*. British Library, London.Photo Credit: Erich Lessing / Art Resource, NY.

6.4 Detail from a page of Latin text from the *Luttrell Psalter*. ca.1300—ca.1340. Add. 42130. Folio No: 82. Min.(L).British Library, London.Photo Credit: HIP / Art Resource, NY.

Chapter 7: The Byzantine Crusade

7.1 From *Chroniques de France ou de Saint Denis*, ca. 1325—ca.1350. British Library, London. Photo Credit: HIP / Art Resource, NY.

7.2 Painting by Domenico Tintoretto(1560—1635) Palazzo Ducale, Venice, Italy.Photo Credit: Erich Lessing / Art Resource, NY.

7.3 Painting by Eugene Delacroix(1798—1863). Louvre, Paris. Photo Credit: Erich Lessing / Art Resource, NY.

Chapter 8: The Albigensian Heresy

8.4 Illustration of an instruction to monks by abbot Johannes Klimax(6th century).12th century icon. St Catherine Monastery, Mount Sinai, Sinai Desert, Egypt. Photo Credit: Erich Lessing / Art Resource, NY.

8.7 *Psalter* of Henry of Blois. British Library, London. Photo credit: HIP / Art Resource, NY.

8.9 From *Chroniques de France ou de Saint Denis*, ca.1325—ca.1350.British Library, London. Photo Credit: HIP / Art Resource, NY.

8.10 Expulsion of the Albigensians, ca.1300—ca.1400. British Library, London. Photo Credit: HIP / Art Resource, NY.

Chapter 9: The Fifth Crusade and Saint Francis

9.1 Photo from Albatross Aerial Photography.

9.2 Painting by Benozzo Gozzoli(1420—1497). S.Francesco, Montefalco, Italy. Photo Credit: Scala / Art Resource, NY.

9.3 Matthew Paris's *Chronica Majora*. Ms 16 Roll 178. Cambridge, Corpus Christi College MS.16, fol 54v: © The Master and Fellows of Corpus Christi College, Cambridge. Bridgeman Art Library.

9.4 Early 14th century manuscript. BL MS. Add. 102929. fol 81v. © The British Library, London. Bridgeman Art Library.

Chapter 10: The Sixth Crusade and Frederick II

10.1 Biblioteca Apostolica Vaticana, The Vatican, Italy. Bridgeman Art Library.

10.2 Photo from Albatross Aerial Photography.

10.3 12th century fresco. Ancienne Chapelle des Templiers, Cressac, France.Photo Credit: Giraudon/Art

Resource, NY.

10.4 Battle between Christians.from *History of the World*, Volume 3, by John Clark Ridpath.

10.5 From Matthew Paris's *Chronica Majora*. Cambridge, Corpus Christi College MS.16, fol.133v.

10.6 From Matthew Paris's *Chronica Majora*. Cambridge, Corpus Christi College MS.16, fo.170v. © The Master and Fellows of Corpus Christi College, Cambridge.

Chapter 11: The Seventh Crusade and Baybars

11.1 *The Book of the Faiz Monseigneur Saint Louis*. Photo Credit: Snark / Art Resource, NY.

11.2 King Louis IX. © The British Library, London Bridgeman Art Library.

11.3 *From Chroniques de France ou de St. Denis*, ca.1325−ca.1350.Roy.16.G.VI.Folio: 409v.[detail].British Library, London. Photo Credit: HIP / Art Resource.NY.

11.4 *Livre des Faits de Monseigneur Saint Louis*. Ms Fr. 2829, f. 36v. Bibliothèque Nationale, Paris.

11.5 Early 15th century.Louvre, Paris.Photo Credit: Giraudon / Art Resource, NY.

11.6 Illuminated manuscript page from *Jami al−Tawarikh(Universaf History)*, by Rashid al−Din.Iran, Tabriz, ca.1330.Inv.Diez A, folio 70.S.22.Photo: Ellwardt. Oriental Division. Staatsbibliothek zu Berlin, Berlin, Germany. Photo Credit: Bildarchiv Preussischer Kulturbesitz

/ Art Resource, NY.

11.7 China, Ming dynasty. Victoria and Albert Museum, London. Photo Credit: Art Resource, NY.

11.8 Ms. Sup. Pers.1113.f.180v−181. Bibliotheque Nationale, Paris. Bridgeman Art Library.

Chapter 12: The Eighth and Final Crusade

12.1 British Library, London. Photo Credit: HIP / Art Resource, NY.

12.2 From a book by Rashid−al−Din(1247—1318) (gouache)by Persian School, (14th century)Ms Pers.1 13 f.49. Bibliotheque Nationale, Paris, France, Bridgeman Art Library.

12.3 A battle between the forces of Naudar and Afrasiyab, from a *Shahnama (Book of Kings)*by Firdawsi, early 14th century, Il−Khanid dynasty, Opaque watercolor, ink, and gold on paper. Probably Iran. Freer Gallery of Art, Smithsonian Institution, Washington D. C.: Purchase F1929. 36.

12.4 From Chroniques de France ou de St.Denis, 1375— 1400. Roy. 20. C. VII, fol.24v.British Library, London. Photo Credit: Erich Lessing / Art Resource, NY.

Chapter 13: The Templars in Defeat

13.1 Engraving by Ghevauchet, French School, 19th Century, Private Collection. Roger−Viollet, Paris, Bridgeman Art Library.

13.2 Painting by Karl Friedrich Lessing, (1808—1880). Rheinisches Landesmuseum, Bonn, Germany. Photo Credit: Erich Lessing / Art Resource, NY.

13.3 Medieval illustration for a 5th century late Roman manuscript. Art Museum of Barcelona. Palau Nacional, Parc de Montjuic.

13.4 The Pilgrimage of Raymond Lull, from Thomas le Muyesier, *Breviculum ex artbus Raimundi Lulli elctrum*, St. Petersberg. 92 fo. IV. Spanish ca. 1321. Badische Landesbibliothek.

13.5 From Cronica Breve de Re di Francis. BM Object Number 1871, 0812. 4427. British Museum, London.

13.6 Arnolfo di Cambio(ca. 1245—1302). Photo Credit: Scala / Art Resource, NY.

13.7 *Cronica Breve de Re di Francis*. BM Object Number 1870, 0514. 155. British Museum, London.

13.9 Engraving by French School, 19th century. Private Collection, Ken Welsh. Bridgeman Art Library.

Chapter 14: Arrest and Trial

14.1 *Chronicle of France or of St Denis*, 14th century. BL. Roy 20 C VII f. 42v British Library. Bridgeman Art Library.

14.3 From *The Scarlet Book of Freemasonry*, by M. W. Redding. Redding & Co. Masonic Publishers.

14.4 From *The Scarlet Book of Freemasonry*, by M. W. Redding. Redding & Co. Masonic Publishers.

14.5 Templar Initiation, courtesy Michael Moynihan and Jon Graham.

14.6 Illustration by Éliphas Lévi, *Transcendental Magic*, Rider & Company, London.

14.7 Painting(1491)by Vittore Carpaccio (1455—1525). Accademia, Venice, Italy. Photo Credit: Cameraphoto / Art Resource, NY.

14.8 Painting(1851)by Eugenio Lucas, (1827—1870). Photo: Herve Lewandowski. Louvre, Paris. Photo Credit: Réunion des Musées Nationaux / Art Resource, NY.

14.9 Painting by Pedro Berruguete. Museo del Prado, Madrid, Spain. Photo Credit: Erich Lessing / Art Resource, NY.

14.10 Painting by William Blake (1757—1827).Petworth House, Petworth, Sussex, Great Britain. Photo Credit: National Trust / Art Resource, NY.

14.11 From the Chroniques de France ou de St. Denis, ca. 1375— ca. 1400. Roy. 20. C. VII. Folio: 44v. Min. British Library, London. Photo Credit: HIP / Art Resource, NY.

14.12 From Chroniques de France ou de St. Denis, ca. 1375— ca. 1400. Roy. 20. C. VII. Folio: 48. Min. British Librar5 London. Photo Credit: HIP / Art Resource, NY.

14.16 From *Secret Societies of the Middle Ages*, by Thomas Keightley.

Chapter 15: The Templar Treasure

15.1 Banquet at the Grail Castle.ABOVE: Parzifal receiving the Grail.CENTER: Parzifal and his wife Condwiramurs on horseback.BELOW: After his baptism Feirefiz is allowed to see the Grail. Staatsbibliothek zu Berlin, Berlin.Photo Credit: Bildarchiv Preussischer Kulturbesitz / Art Resource, NY.

15.2 Pan and Maenad(detail). Museo Eoliano, Lipari, Italy. Photo Credit: Scala / Art Resource, NY.

15.3 From *The Life and Teaching of St. Bernard*, Andrew J. Luddy, M. H. Gill&Son, Ltd.

15.4 Combat between David and Goliath / David with head of Goliath. Single leaf. England, Winchester, Cathedral Priory of St. Swithin. ca. 1160—1180. MS. M. 619, verso.The Pierpont Morgan Library, New York. Photo: The Pierpont Morgan Library / Art Resource. NY.

15.5 12th Century map of Jerusalem. Below St. George assists the Christians. MS. 76 F 5, fol 1r © The Hague, Koninklijle Bibliotheek.

15.6 From a manuscript of Alfonso X of Castile's *Libro de Ajedrez*, dados y tables. Biblioteca del Monasterio de Le Escorial, Madrid, Spain. Ref: MS. T. 1.I 6, fol. 25. © Patrimonio Nacional, Spain. Bridgeman Art Library.

15.7 Canteen. Probably Syria, mid–13th century. The large canteen recalls the shape of ceramic pilgrim flasks. Includes a representation of Virgin and Child and scenes from the life of Christ. Brass inlaid with silver. Freer Gallery of

Art, Smithsonian Institution, Washington D.C.: Purchase F1941.10.

15.9 Matthew Paris's drawing from his *Chronica Majora*, Corpus Christi College MS 26, p220. © The Masters and Fellows of Corpus Christi College, Cambridge.

15.10 The Silent Watcher, *The Equinox* I, 1, Courtesy Ordo Templi Orientis.

✝

附录一

圣殿骑士团大事记

1095 年 教皇乌尔班二世召集十字军。

1099 年 7 月 15 日，参与第一次十字军东征的基督徒攻占了圣地耶路撒冷，引发了西方基督教徒到东方朝圣的狂潮。

1119 年 在耶路撒冷圣墓教堂的一群骑士成立了一个修士会以保卫耶路撒冷王国免受穆斯林强盗的侵袭。

1120 年 鲍德温二世国王将圣殿山上的原阿克萨清真寺（aqsa Mosque）上的宫殿"所罗门圣殿"赐予他们，因此得名"基督和所罗门圣殿的贫苦骑士团"，也即现在所熟知的"圣殿骑士团"。

1129 年 特鲁瓦宗教会议召开，教皇正式承认了圣殿骑士团的合法地位。

1134 年 阿拉贡国王阿方索一世去世，遗嘱中将王国遗赠给圣殿骑士团、医院骑士团和圣墓教堂中的教士。

1135 年 克莱尔沃的修道士圣伯尔纳铎写成《圣

殿骑士之书：对新骑士精神的赞美》，即《新骑士颂》。

1139 年 教皇英诺森二世发布名为 *Omne datum optimum*（《各样美善的恩赐》）的诏书，授予了圣殿骑士团一系列特权，确认了带红十字的白披风是圣殿骑士的标志性装扮。

1144 年 教皇塞莱斯廷二世发布诏书 *Milities Templi*（《圣殿骑士团》），一个包含有授予骑士团以宗教特权的条款的教皇训令。与此紧接的另一份诏书 *Milities Dei*（《上帝的骑士团》），由教皇尤金三世在一年后颁发，授予他们更多特权。

1149—1150 年 圣殿骑士团受命守卫加沙城，成为十字军国家的一支常备军。

1177 年 蒙吉萨战役，圣殿骑士团鲍德温四世的联军战胜阿尤布王朝的创建者萨拉丁。

1180 年 泉水谷战役，萨拉丁复仇成功。

1187 年 哈丁之战，萨拉丁的胜利和十字军国家的灾难。萨拉丁处死了所有圣殿骑士和医院骑士俘虏，并占领了耶路撒冷，圣殿骑士团失去了它的总部。

1191 年 圣殿骑士团在阿卡建立了新总部。

1217 年 圣殿骑士团和一些十字军在阿特利特建立了朝圣者城堡。

1240 年 圣殿骑士团与阿尤布王朝大马士革苏丹谈判成功，获得在加利利北部的采法特城堡。

1250 年 埃及曼苏拉之战，十字军战败，很多圣殿骑士被杀。

1266 年 埃及苏丹拜伯尔斯占领了圣殿骑士团的采法特城堡，俘虏大量圣殿骑士。

1291 年 阿卡被盖拉温的儿子阿什拉夫占领：这是耶路撒冷拉丁王国的终结。圣殿骑士团放弃了朝圣者城堡、西顿城堡、托尔托萨城堡（今天叙利亚的塔尔图斯），将总部搬迁到塞浦路斯。

1302 年 圣殿骑士团丧失了罗德岛（今天的艾尔瓦德岛），将托尔托萨交给了埃及苏丹。

1307 年 法国的圣殿骑士被腓力四世下令逮捕。

1311—1312 年 教会会议在法国的维埃纳召开。

1312 年 教皇克雷芒五世在诏书"Vox in excelso"（《至高之声》）中宣布废除圣殿骑士团，并决定将圣殿骑士团的财产转交给耶路撒冷的圣约翰的医院骑士团。

1314 年 圣殿骑士团大团长雅克·德·莫莱和诺曼底分团长杰弗里·德·查尼在巴黎的火刑柱上被烧死。

十

圣殿骑士团历任大团长

1. 雨果·德*·帕英 1118—1136

死因不明

2. 罗伯特一世·德·克拉恩 1136—1146

死因不明

3. 埃弗拉德·德·巴雷斯 1146—1149

1149 年前往法国退隐进入修道院，应该是自然死亡

4. 伯纳德·德·托米莱 1149—1153

在 1153 年阿斯卡伦（Ascalon) 攻城战中被法蒂玛守军杀死

5. 安德烈·德·蒙塔巴德 1153—1156

死因不明

————————

*并不是所有的欧洲贵族都有"德"，而是只有法国或者与法国有
关的贵族，才有"德"。这个"德"的发音源自法语中的"De"，
在法语中，姓氏中加"de"是贵族的一种象征，就好像德国的"von"
一样(一般翻译为"冯")，而在荷兰用的则是"Van"（可以译为范）。
这些都是姓名中表示身份的部分，相当于英语的"of"或"from"，
表示"来自"。它们既不是姓也不是名，而且一律小写。纵观欧洲
中世纪，如果某君姓前带有"德""范""冯"之类的介词，那么
姓后面多半带有爵位。换句话说，这是对贵族的称呼，是在突出与
炫耀其血统。

6. 伯特兰·德·布兰克福特 1156—1169

死因不明

7. 菲利普一世·德·米利 1169—1171

1171年辞职，随后出使君士坦丁堡，可能是病死在路上

8. 尤德斯·德·阿曼德 1171—1179

1180年在鲍德温败给萨拉丁的泉水谷战役中被俘，被萨拉丁
扣留为人质，1181年死于狱中

9. 阿诺德·德·托洛哥 1179—1184

1184年出使西欧的路上病死

10. 杰勒德·德·罗德福特 1185—1189

1189年阿卡守城战中死亡，一说是阵亡，一说是被萨拉丁俘
杀

11. 罗伯特二世·德·塞布尔 1191—1193

死因不明

12. 赫伯特·伊拉勒 1193—1200

死因不明

13. 菲利普二世·德·普莱泽兹 1201—1208

死因不明

14. 威廉·德·查特斯 1209—1219

在1219年第五次十字军围攻杜姆亚特的战斗中负伤，后死
于传染病

15. 佩德罗·德·孟太古 1219—1230

死因不明

16. 赫尔曼·德·佩里戈德 1231 ?—1244

在1244年拉佛比对阵花剌子模和埃及阿尤布王朝的战斗中
被俘，1247年被杀

17. 理查德·德·伯里斯 1245—1247

赫尔曼被俘虏期间的代理团长，几乎无记载，死因不明

18. 纪尧姆·德·索纳克 1247—1250，

在1250年随路易九世第七次十字军远征埃及的撤退过程中，

在法里斯库尔战斗中阵亡

19. 雷纳德·德·维克希尔斯 1250—1256

死因不明

20. 托马斯·贝拉尔 1256—1273

死因不明

21. 纪尧姆·德·博让 1273—1291

1291年在阿卡守城战中阵亡，耶路撒冷王国就此被马穆鲁克

王朝灭亡

22. 蒂巴德·德·高迪恩 1291—1293

死因不明

23. 雅克·德·莫莱 1293—1314

1314年因圣殿骑士团被取缔，被烧死在火刑柱上

Comment le Roy saint loys en cuidant retorner a dumiete fut
prins. le vvviiie chappre. ❧

Pres ceste desconfitu
re ainsi faicte sur
les sarrazins ne
demoura gueres apres que

le filz du soudan mort. dont
des prises doient z auoua
a la massore et le receurt
les egiptiens a grande reue
rence z honneur comme leur